7
Mundus Scientiae

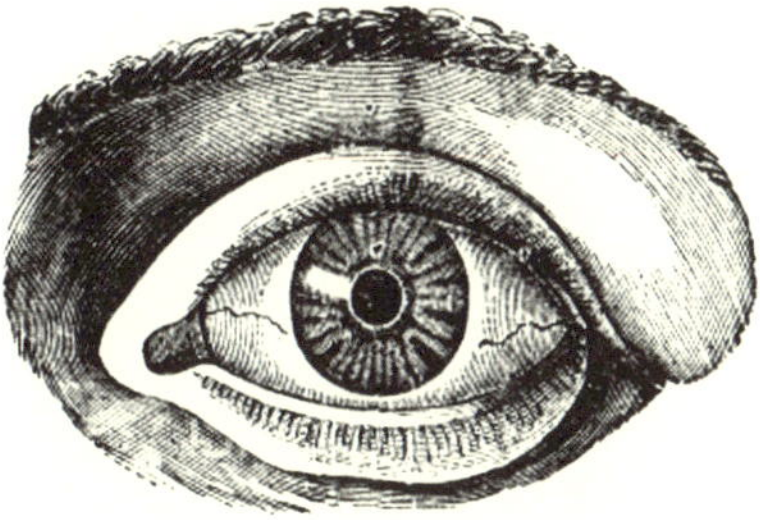

メディア・リテラシー入門
視覚表現のためのレッスン

佐藤元状＋坂倉杏介＝編

The Liberal Arts
The Liberal Arts
The Liberal Arts

メディア・リテラシー入門——視覚表現のためのレッスン　目次

序

佐藤元状

メディア・リテラシーとは何か？

「メディア・リテラシー」とは何でしょうか？　森達也はジャーナリストの立場から以下のように明晰に定義しています。

> 正しい世界観を身につけるためには、メディア・リテラシーが必要になる。メディアの意味は……「媒介」。つまり、テレビやラジオ、新聞や本。
> リテラシーの意味は「識字」……つまり、字を読んだり書いたりする能力のこと。この二つの言葉を合わせたメディア・リテラシーの意味は、「メディアを批判的に読み解く」とか、「メディアを主体的に受け取る」という意味になる。

つまり、メディア・リテラシーとは、マスメディアの言説を鵜呑みにする受動的な視聴者をマスメディアの言説に批判的な能動的な視聴者へ育て上げるために不可欠なスキルとして位置づけられています。

マスメディアを批判的に読み解く能力は、メディア社会に生きる私たちにとって、切実なものです。テレビや新聞などのマスメディアは、ジャーナリズムの常として中立と客観を装っていますが、こうしたメディアの背後には利己的で主観的な人間や組織が動めいているのです。メディアのつくり手の隠された意図――これをイデオロギーという言葉で表現していきます――を鵜呑みにしていては、充実した人生を送ることはできません。私たちがメディアの能動的な読み手に成長し、メディアのイデオロギーをときに批判し、ときに暴露しながら、適切に対処していくことが、私たちの充実した人生には不可欠ですし、より大きな視点からいえば、それこそが現代の民主主義の礎石なのです。

インターネットの時代のメディア・リテラシー

これまでマスメディアの能動的な読み手という観点からメディア・リテラシーを定義してきまし

た。しかし、この定義ではデジタル・テクノロジーの時代の新しいメディア環境に十分ではないように思われます。インターネットの進展によって、テレビや新聞などの従来のメディアが前提としていたメディアのつくり手からメディアの読み手への一方通行の関係が崩壊しつつあるからです。ブログ、mixi、YouTubeなどの新しい現象は、誰もがメディアのつくり手となり、読み手となることが可能な時代の到来を意味しています。Web2.0という一時流行した言葉は、インターネットの進展がもたらした新しいメディア環境において、双方向的で民主主義的なコミュニケーションの関係が誕生したことを物語っています。

Web2.0の時代にふさわしいメディア・リテラシーの定義には、メディアの能動的な読み手という観点だけでなく、メディアの能動的な書き手という観点が必要になってきます。アウトプット型社会の誕生に伴い、読み書き能力の後者の側面が重要視されるようになるのです。以下のメディア・リテラシーの定義は、その点で参考になります。

メディア「・」リテラシーというのは、私たちがメディアを既製服にようにただ商品として買い、ほころびたり飽きたりしたら捨ててしまうというのではなく、メディアが誰によってどのように作られたか、どんな技術と知恵でできあがっているかということをよく知り、吟味しながら選ぶ

こと、また自分たちで作ってみたり、表現したりできるようになるための素養や能力を育む営みです。さらにメディアが情報をただ伝えるための道具ではなく、その人らしさや地域のよさを共有するための道具でもあることなど、メディアをめぐる文化についても意識できるようになることも視野に入っています。……メディア[・]リテラシーを手に入れることで、私たちは情報社会をよりよくとらえること、そのなかでも充実したコミュニケーション生活を送るきっかけをつかむことができるのです。

「情報社会をよりよくとらえること」がマスメディアの能動的な読み手になることを意味するならば、「充実したコミュニケーション生活を送るきっかけをつかむこと」はメディアの能動的な書き手になることを意味すると考えられるでしょう。文字通りメディアを読み書きする力が時代をよりよく生きる知恵として求められているのです。

『メディア・リテラシー入門――視覚表現のためのレッスン』の目的

本書の目的は、以上のような現代の新しいメディア環境に適合したメディア・リテラシーのあり方を紹介する点にあります。しかし、その詳細に入る前に、メディア・リテラシーを学問的にきちんと定義しておきたいと思います。この分野の研究の日本での第一人者である鈴木みどりは、日本でのメディア・リテラシーのあり方を以下のように定義しています。

メディア・リテラシーとは、市民がメディアを社会的文脈でクリティカルに分析し、評価し、メディアにアクセスし、多様な形態でコミュニケーションを創り出す力を指す。またそのような力の獲得をめざす取り組みもメディア・リテラシーという。

この文章が出版されたのが1997年であることを考慮に入れると、メディアを読み書きする能力の獲得を唱っている点で、先見の明のある定義であるといえるでしょう。メディアの能動的な読み手であり、メディアの能動的な書き手であることをメディア社会に生きるわれわれの責任として提示する力強い姿勢には感動さえ覚えます。しかし、鈴木のメディア・リテラシーの定義は、社会的・政治的文脈を強調するあまり、メディアの美学的な側面とそれがはらむ快楽の側面を十分につかみ取れていないように思われるのです。「充実したコミュニケーション生活」と快楽は紙一重の関係にあるからです。

メディアのイデオロギーに意識的でありながら、メディアの美学のもたらす快楽を享受することのできる力――鈴木の定義から一歩退いて、本書のタイトルのメディア・リテラシーをこのように定義しておきたいと思います。メディアを政治的美学としてとらえる視点、つまりメディアをイデオロギーとしてだけでなく、美学としてとらえる視点を本書の執筆陣は共有しています。本書ではいわゆるマスメディアは分析の対象としません。本書で扱うのは、ヴィデオ・アート、マンガ、文学と映画、即興映画であり、視覚表現の読み方に力点をおいています。ヴィデオ・アーティストの小泉明郎、英文学者の小泉有加は、ヴィデオ・アートという現代芸術が映像の作為性を明らかにする様子を描き出します。アートとコミュニティの研究を専門とする坂倉杏介は、マンガの作法を分析し、その美学を解析すると同時に、別の章では、即興映画の制作の過程を記述していきます。英文学者、映画研究者の佐藤元状は、森鷗外の「山椒大夫」と溝口健二の『山椒大夫』を比較し、文学と映画というふたつのメディアの差異と同一性について考察します。

本書執筆のきっかけとなった２００９年度慶應義塾大学日吉キャンパス春期公開講座「メディア・リテラシー入門」の興奮をここに再現することができたら幸いです。

［引用文献］

●森達也『世界を信じるためのメソッド――ぼくらの時代のメディア・リテラシー』（理論社、2006年、42頁）
●東京大学情報学環メルプロジェクト・日本民間放送連盟編『メディアリテラシーの道具箱――テレビを見る・つくる・読む』（東京大学出版会、2005年、4頁）
●鈴木みどり編『メディア・リテラシーを学ぶ人のために』（世界思想社、1997年、8頁）

第1章　ヴィデオ・アートの「読み方」「つくり方」

小泉明郎・小泉有加

はじめに――ヴィデオ・アートとは？

「映画をつくっています」といって、「どんな映画ですか」と聞かれることはあっても、「映画って何ですか」と聞かれることはおそらくないでしょう。しかし、「ヴィデオ・アートをつくっています」といった場合は、「ヴィデオ・アートって何ですか」「映画ってことですか」「CMみたいなものですか」とさまざまな質問がとび出します。実際、現代美術を扱った美術館や横浜トリエンナーレ[1]のような美術展に足を運んだことのある人ならヴィデオ・アートを見たことがあるはずなのですが、日本ではヴィデオ・アートが絵画や彫刻と同じような美術のジャンルのひとつであるという認識はいまだに薄いようです[2]。

ときどき、「長ければ映画で、短ければヴィデオ・アートですか」「物語がなければヴィデオ・アートですか」という質問を受けることがありますが、ヴィデオ・アートの場合、1分に満たない短い作品もあれば、なかには24時間以上続くものもあり、長さでジャンルが決まるわけではありません。また、明確なナラティヴをもった作品もあればそうでない作品もあり、物語の有無によってヴィデオ・アートかどうかを判断することもできません。では、ヴィデオ・アートって何なのでしょうか。

簡略化していうと、美術館、美術展やアート・ギャラリーで目にする映像作品、それがヴィデオ・アートです。近年、YouTube等の映像を扱うインターネット・サイトの登場によって映像作品の発表の場が多様化したことを考えると、これはいささか乱暴な分類ではありますが、今回はここから出発したいと思います。なぜなら、同じ映像ではあっても、それがテレビ放送用につくられたのか、映画としてつくられたのか、それとも芸術家の活動の一環としてつくられたのかというのが（必ずし

［註］

1——2001年から横浜で3年おきに開催されている現代美術の国際展覧会。過去の展覧会の記録は、http://www.yokohamatriennale.jp/で見ることができます。

2——この原因のひとつに、日本ではヴィデオ・アートのかわりにメディア芸術／アートという言葉が使われてきたという点が挙げられるでしょう。ただし、メディア芸術＝ヴィデオ・アートというわけではなく、メディア芸術はときに映画やマンガさえ含む、非常に曖昧なカテゴリーとして使われているのが現状です。文化庁が提案している国立メディア芸術総合センターもその一例といえます。

も明確な線引きができない場合もありますが）ヴィデオ・アートとその他の映像との差異として非常に重要だからです。

ヴィデオ・アートという言葉があまり浸透していない理由のひとつに、それが比較的新しいメディアだという点が挙げられるでしょう。ヴィデオ・アートの歴史が始まったのは１９５０年代後半です。映像の可能性に気付き始めたナム・ジュン・パイク（Nam June Paik, 1932-2006）やブルース・ナウマン（Bruce Nauman, 1941-）といった芸術家たちが映像作品をつくり始めます。ただ、当時は主にテレビ放送用だった映像機材を手にすることのできた芸術家はほんのわずかでした。この状況は１９６７年、ソニーがPortapakを発売することによって一転し、芸術家が個人レベルでヴィデオ・カメラを手にすることが可能になりました。１９８０年代半ばには機材や編集をとりまく状況が劇的に改善し、それ以降ヴィデオ・アートは現代美術においてもっとも影響のあるメディアといわれるようになります。

１９９０年代以降、ヴィデオ・アートは盛んに制作され、おそらくかなりの人が一度は見たことがあるはずです。それにもかかわらずヴィデオ・アートが広く一般に認識されていないのはなぜなのでしょうか。その理由には、ヴィデオ・アート独特の難解さも挙げられるのかもしれません。テレビや映画のように、映像を見れば何が行われているのかが明らかな状態に慣れてしまっている私たちにとって、ヴィデオ・アートは決してわかりやすいものばかりではありません。テレビや映画の場合、映像はあくまで何らかの情報やメッセージ（＝主題）を伝えるための手段として使われています。それに対し、ヴィデオ・アートの場合、映像は手段であると同時に主題です。テレビや映画を見る際、私たちはその映像が伝える情報やメッセージ（＝内容）に対する批判性をもってはいます。しかし大抵の場合、映像そのもの（＝見せかた）に疑問をもつことはなく、無批判に映像を受け入れてしまっているのではないでしょうか。ヴィデオ・アートでは映像が手段かつ主題――つまり、ヴィデオ・アートは映像というメディアのもつメカニズムへの関心に基づいてつくられた映像であり、映像とは何かを問いかける映像であるということです。それゆえにヴィデオ・アートには独特の難解さがあるのです。

このように、映像であるという表面上の共通点があるにもかかわらず、ヴィデオ・アートは、テレビや映画とは異なり、映像そのものに対する批判性をもったメディアだという際立った特徴があります。それは言い換えれば、ヴィデオ・アートにはテレビや映画とは違った一種独特の見方が要求されているということでもあります。ヴィデオ・アートは、見る側の積極的な関わり合いがあってこそ、その面白さが十二分に発揮されるのです。

以上の点をふまえたうえで、本章の前半では、ふたつの作品を取り上げ、ヴィデオ・アートがどのような関心のもとにつくられているかの具体例を紹介し、ヴィデオ・アートの「読み方」を考えます。章の後半では、慶應義塾大学日吉キャンパス公開講座で行った映像制作の実践報告を中心に、映像というメディアのもつメカニズムへの理解を深めつつ、映像そのものに対する批判性をもったヴィデオ・アートの「つくり方」を一緒に考えてみたいと思います。

ヴィデオ・アートの読み方

1 ポール・マッカーシー『ロッキー』

ヴィデオ・アートは映像メディアへの批判性をもった映像である――これは具体的にはどのようなことなのでしょうか。まず、アメリカ人アーティスト、ポール・マッカーシー（Paul McCarthy, 1945-）の『ロッキー』（*Rocky*, 1976）というヴィデオ・アートの歴史のなかでも比較的初期の作品を例に考えてみましょう[3]。

この作品では、デフォルメされた顔のマスクを被り、ボクシングのグローブをはめた全裸の男性（アーティスト本人）が、地下室のような暗い部屋で、ひたすら自分の顔面を殴りつける姿が映し出されます［図1］。男性はついにはノックダウンされる（といってもノックダウンしているのは他でもない彼自身な）のですが、立ち上がり、ケチャップを股間に塗りつけることによって自分を興奮させ、再び自分を殴り始めるという映像です。ひたすら自分自身を殴り続け、挙句の果てに股間にケチャップというこの作品は、単なる悪ふざけをカメラにおさめたものにもみえるでしょう。この作品が悪ふざけではなくヴィデオ・アートであるといえる根拠は一体どこにあるのでしょうか。

ここで重要になってくるのはこの作品の構図です。カメラは男性のパフォーマンスを向かって右斜め前から、上半身のみをおさめる角度でとらえています。この角度と高さによってつくり出された構図は、制作の同年に大成功をおさめたハリウッド映画『ロッキー』のクライマックスで、主演のシルベスタ・スタローンが

図1『ロッキー』[4]

［註］

3——この作品の一部はhttp://www.youtube.com/watch?v=_B-rtYsYVbwで見ることができます。

4——図1から6までは、各映像作品からのスケッチです。

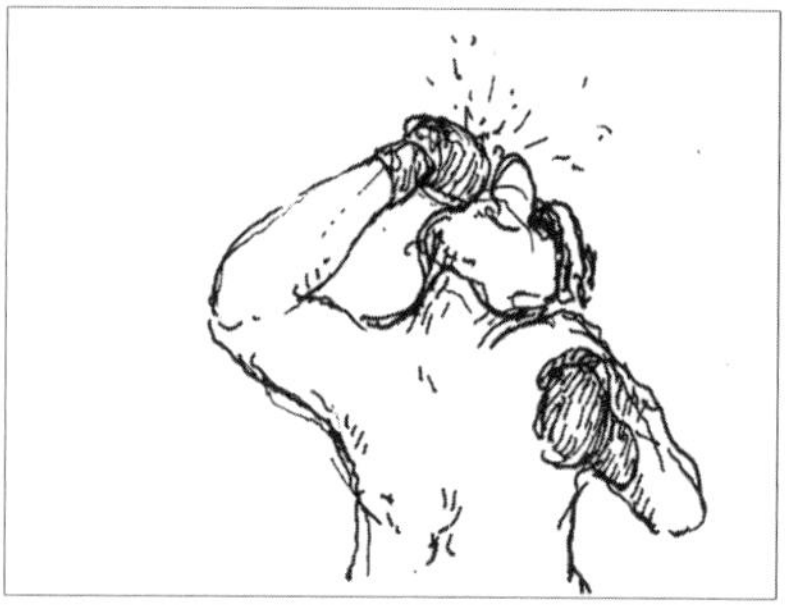

図2『ロッキー』

図3『ロッキー』

相手のボクサーに殴られ続ける構図そのものなのです［図2、3］。

もしこの構図の重なりがなかったならば、男性のパフォーマンスは単なる悪ふざけとして看過されたかもしれません。しかし、この構図によって、きわめて低予算で作られたマッカーシーのパフォーマンスと『ロッキー』という巨額を投じたハリウッド映画は視覚的に重ねられ、批判的に出会うことになるのです。

自分で自分を痛めつけ、殴り倒し、再び立ち上がるという一連のパフォーマンスをカメラにおさめるという行為は馬鹿馬鹿しい行為ですが、同時に、苦しくて倒れても諦めずに起き上がる自分の姿を保存するという非常にナルシスティックな行為ともいえるでしょう。また、マッカーシーによって誇張されたロッキーは、ハリウッド映画のロッキーが理想化するマッチョなヒーロー像に観客が気付くことを可能にしているのではないでしょうか。

このように、マッカーシーの『ロッキー』は、構図をハリウッド映画のそれに重ねることによって、ハリウッド映画のもつナルシシズムや、ハリウッド映画の世界、ひいてはアメリカ社会において理想とされるマッチョなヒロイズムに対し、批評性を生み出すにいたっているのです。

2 ピピロッティ・リスト『あなたに大賛成』

次に、スイス人の女性アーティスト、ピピロッティ・リスト（Pipilotti Rist, 1962-）の『あなたに大賛成』（*Aujourdhui "I Couldn't Agree With You More"*, 1999）という作品について考えてみましょう。この作品はUbuというウェブサイト（http://www.ubu.com/film/rist_works.html）で見ることができます[5]。この作品では、スーパーマーケットで、女性が手持ちカメラで自分の顔を映しながら歩き回っている姿が映し出されています。その女性の額には、夜、森の中で裸の若者が戯れる映像がスーパーインポー

［註］

5——『あなたに大賛成』は55分42秒から65分37秒の部分におさめられています。

ズで合成されています［図4］。
この作品が2007年11月から2008年2月にかけて原美術館で展示された際の出品作品リストには次のような説明が加えられています。

こちらをじっと見つめながらスーパーマーケットをぶらぶら歩く女性の額に小さな人影が映る。森の中で、裸で無邪気に動き回る彼らは何者なのか。作品の題名には『あなたに大賛成』とあるが、〝あなた〟とは誰なのか、何に大賛成なのか、答えは用意されておらず、鑑賞者に委ねられている［6］。

この不可解な作品の面白さ、そして批判性はどこにあるのでしょうか。この作品の鍵を握っているのは、スーパーマーケットを歩き回っている女性の視線です。彼女は固く決意した表情でレンズを見つめ、そこから視線を離すことは決してありません［図5］。

図5『あなたに大賛成』

図4『あなたに大賛成』

ここにひとつの映像構造の仕組みが浮き彫りにされているのです。

たとえば、もし彼女がレンズから目をそらし、自分の歩く先に視線を向けていたらどうなるでしょうか。おそらくその場合、鑑賞者は「女性はスーパーマーケットを歩き回りながら、森の中で裸で戯れている若者の姿を想像しているのだ」という解釈を生むことになるでしょう[図6]。つまり、彼女の視線がレンズ以外に向けられるとき、この女性の映像と不可解な森の中の若者の姿の映像との間に、マンガの吹き出しに見るような、お決まりの関係性が生み出されることになります。しかし、彼女がレンズを凝視している限り、この関係性は成立せず、映像は関係のないふたつの要素のギャップをただひたすら示し続けるのです。実際、彼女の鋭い視線は、この凡庸な関係性が成立するのを拒んでいるかのようにもみえます。

このように、この作品における「視線」が映し出すのは、「見る・見られる」という関係の政治学ではないでしょうか。

図6『あなたに大賛成』

［註］

6——原美術館が入館者に配布していた出品作品リスト「ピピロッティ リスト：からから」の文章を引用させていただきました。

もしこの女性がレンズを見ていなかったとしたら、彼女の行動は鑑賞者の思いのままに解釈されてしまいます。言い換えれば、彼女は単に「見られる」もしくは消費される、無力な存在となってしまうのです。しかし、彼女がレンズを見続けることによって、彼女は単に「見られる」存在ではなく、同時に「見る」存在であり、鑑賞者の凡庸な解釈の餌食になることはありません。彼女はにこりともせず、映画やテレビドラマのヒロインのような鑑賞者に消費される存在になることを拒むかのように、決然とした表情でカメラを凝視しています。この作品をコントロールするのは彼女の視線であり、ここでは彼女が権力を持ち続けるのです。

こうしたリストの作品に表れている映像における視線の問題は、私たちがふだん目にしている現代日本のメディアの映像とも無関係ではないでしょう。視線といって思い出されるのは、新聞でも話題になっていた首相時代の安倍晋三氏の記者会見です。政治家の記者会見の映像では、通常記者たちに向かって話している政治家の姿が映し出されます。よって政治家の視線は横斜め前に向けられています。これに対し、当時内閣総理大臣を務めていた安倍氏はカメラを直接見る、いわゆる「カメラ目線」でカメラに写ることを選択しました。質問する記者には目を向けないため、記者団から「違和感がある」と指摘された安倍氏は、「記者に答えるというより、国民の皆さまに答えているつもり」と答えています[7]。

しかし、国民に直接語りかけるという意図とは裏腹に、カメラ目線は「不自然」「ブキミ」と不評で、はじめは周囲の説得に応じなかった安倍氏も、参議院選挙惨敗後、通常どおりの斜め前視線の記者会見に変更するにいたりました。なぜ「国民に直接語りかけるためのカメラ目線」は失敗に終わってしまったのでしょうか。この問いの答えは、公開講座での実践報告を検証しながら考えていきたいと思います。

ヴィデオ・アートのつくり方――公開講座の報告から

1　カメラの前でメッセージを発するという行為

カメラの前で、ある情報・メッセージを発する――このシンプルな行為は映像メディアにおける情報伝達方法の基本形ではないでしょうか。ニュースを読むアナウンサーしかり、バラエティー番

［註］
7――ライブドアニュース、2009年8月8日（http://news.livedoor.com/article/detail/3269790/）。目線に関しては、2007年8月12日の東京新聞や、2007年8月15日の朝日新聞でも取り上げられています。

組の司会者しかり、政見放送しかり、ほのぼのとしたヴィデオ・レターしかり。単純にある特定の情報を伝える場合もあれば、自分の主義主張、思いの丈を伝達しようとする場合もあり、ときには挑発として行われることもあるでしょう。

公開講座「メディア・リテラシー入門」第1回では、「カメラの前でメッセージを発する」という行為にスポットライトを当て、ふだん我々が何気なく接しているこの行為がどのように構成されているのかを検証しつつ、同時に、「カメラの前でメッセージを発する」という行為にどれだけの演出・演技を許容する幅が存在するのかを参加者と共に実験しました。

今回の映像実験では、公開講座の少し前に話題となっていた田母神俊雄元航空幕僚長の論文をもとに、カメラの前で発する「メッセージ」を作成しました。この論文は2008年にアパグループによって主催された「真の近現代史観」懸賞論文で優秀賞を受賞し、さまざまな論争を巻き起こしたものです[8]。その内容は日本が侵略国家ではなかったという論点をさまざまな方向から証明しようと試みているもので、一貫して国家主義的な性格をもっています。この論文に基づいて以下のような「メッセージ」を作成しました。

―日本は決して侵略国家などではありませんでした。朝鮮半島や中国大陸での駐留は、条約に基づいていましたし、実際に現地の人々の生活をより豊かにしました。太平洋戦争に関しても、アメリカの陰謀によって引きずり込まれた被害者なのです。南京大虐殺だって東京裁判のためのでっち上げです。さらに、もし日本がアジアを白人から解放する大東亜戦争を戦わなければ、現在のような人種平等な世界は来なかったと思います。我々は我が国の歴史にもっと誇りをもたなければなりません。

この論文がなぜ問題になったのでしょうか。それは現役の航空幕僚長という公人の立場にある田母神氏が、政府の見解とは異なった、東アジア諸国に対して挑発的な歴史観に貫かれた論文を公表したことに政府が危機感を感じたからでした。結局政府は田母神氏を更迭処分にしました。しかしそのことによって同氏は一部の人々の間で英雄化される結果となり、その後の論壇における同氏の発言力、存在感はより大きなものになったといえるでしょう。この一連の騒動が我々に語りかけていることは、単に公人の表現の自由という問題以上に、現在この日本という一国家が、国家としてアイデンティティを失い、もがき苦しんでいるということではないでしょうか。

［註］

8——この論文はhttp://www.apa.co.jp/book_report/images/2008jyusyou_saiyuusyu.pdfで読むことができます。

このように、このメッセージにはさまざまなイデオロギー的問題が潜んでいるのですが、ここで重要なのは、田母神氏のメッセージが正しいのか、間違っているのかではないということです。田母神氏の立場は非常にはっきりとしていて、その立ち位置・論点・背景を参加者がすでに共有しているので、余計な説明は必要ありません。また、このメッセージは先に述べたような政治的・社会的・歴史的なエネルギーがチャージされています。今回のような映像メディアの特性と可能性を浮き彫りにする実験においては、このように簡潔で、立場がはっきりしていて、強い効果が期待できそうな「劇薬」を扱うことが好ましいと考えました。より顕著な科学反応を見るためにあえて劇薬を使う——そのような言い方ができるかもしれません。

次は、いよいよ実際にカメラをまわしながらの実験を開始します。以下の実験の記録はウェブサイト (http://kyosuke.inter-c.org/ml/) でも見ることができます。ぜひ実際の映像を見て、実験結果を検証してみてください。

2 テイク1——「普通の構図」で「普通に」読む

テイク1では、前もって協力をお願いしていた慶應義塾大学出版会の木下優佳さんに、この文章をカメラの前でできるだけ「普通に」読むようにお願いしました［図7］。

その結果の映像を言葉に置き換えるならば、「感情を排して、書かれている文章をしっかりした口調で読む女性の姿」もしくは「NHKのニュースキャスター風」でしょうか。映像からは、この文章がこの女性本人のメッセージであるか否かを判断することはできません。ここではまず、この「普通」にみえる映像はどのように構成され、何を我々に語りかけているのかを考えてみましょう。

まず構図と視線に注目します。彼女は画面の中心でカメラに対して真正面に座り、彼女の視線はカメラに直接向けられています。これは、彼女が「映像を見ている者をメッセージの聞き手」と仮定してメッセージを発しているといえます。このような構図は、テレビのニュースや政見放送で見られる構図です。映像というメディアを介してメッセージを伝えようとする際の、もっとも基本的でニュートラルな形式といえるでしょう。

しかしニュートラルであるということと、何も表現していないということは同義語ではありません。たとえば、NHKのニュー

図7 テイク1

スキャスターが若者言葉を使い、へらへらとした口調でニュースを読んでいたらどうなるでしょうか。その姿を見て人々は声高に叫ぶかもしれません。「ＮＨＫは堕落した」「昔はこんなではなかった」「日本語が乱れた」「日本文化が滅びた」と。よってこの場合はニュートラルであることが、ＮＨＫの格式の表現であり、また日本の放送文化、さらには「日本文化」の尊厳を守るための表現であるといえるのではないでしょうか。もしこのニュートラルさに変化が生じたときは、「日本文化」そのものに変化が生じたときなのでしょう。

さまざまな国のニュース番組を比較することで、この「普通さ」に込められた意味はより明らかになります。たとえば、日本のメディアで度々目にする北朝鮮のニュースキャスター。あの異様なまでに声高で自信に満ちたキャスターの口調は、我々の現実から考えると異様に映りますが、いわばあの気丈さが北朝鮮という国の「普通さ」として求められていると考えることができます。つまり、北朝鮮社会ではあの気丈さが国家の尊厳の表現として求められているということであり、ここに北朝鮮の政治的状況が反映されているといえるのではないでしょうか。同様に、オランダのテレビに登場するニュースキャスターは日本人の我々の感覚では考えられないほど地味な服装をしています。ここに表現されているものとは何でしょうか。それは形式を重視しない自由な社会ということかもしれませんし、過度な贅沢を好まないオランダの国民性かもしれません。

3 テイク2——感情を込めて読む

テイク1で検証した「普通さ」に留意して映像を見直してみると、感情を排してメッセージを読むことにより、女性はこのメッセージに尊厳を与え、その正当性を表現しているようにもみえてきます。感情を排することが、かえって尊厳・正当性の表現になるという点は、興味深いポイントです。ではもう少し感情を込めて読んでもらったらどのような映像になるのでしょうか[図8]。

図8 テイク2

実際、「感情を込めて読む」という指示だけでは、あまり顕著な変化は生まれませんでした。最初の映像にあったような「尊厳の表現」としての角がとれ、多少丸みを帯びたフレンドリーな雰囲気が醸し出されているとはいえますが、まだ映像全体のニュートラルさにはあまり変化がありません。ここで、カメラに対して中央正面に座し、カメラに直接語りかけるという構図の影響の強さが浮かび上がってきます。この構図を利用する限り、ある種のニュートラルさからは逃れられないのではないでしょうか。この構図は、言葉の真意よりも言葉の尊厳や形式の伝達に適した構図なのでしょう。

4　テイク3――構図を変える

では言葉の真意の伝達に適した構図とはどのようなものになるでしょうか。次に、この正面のショットを崩し、より彼女の言葉を彼女自身の内から表現されているように見せる工夫をしてみました。このテイクでは、真正面から直接我々に語りかけているのではなく、斜めに向いてもらい、フレームの外にいる不特定多数の人々に彼女が語りかけている、その図を我々が客観的に見ているという構図にしました［図9］。

図9　テイク3

構図を変更した結果、今までのニュートラルな空間は崩され、映像がある場の記録映像として機能し始めました。ニュートラルな構図では鑑賞者はメッセージの一次的な受け手でしたが、新しい構図ではメッセージの一次的な受け手はフレームの中にいて、鑑賞者はメッセージの二次的な受け手となります。このように客観性が生まれることにより、映像が直接的なメッセージの伝達空間から脱し、ある「シーン」として機能するのです。さらに、「シーン」になることにより「描写のリアリズム」や「演技」という新たな要素が映像に加わってきます。この空間は発言者のメッセージの真意が問われる空間というよりは、発言している状況のリアリズムが問われる空間であるといえます。

こうした構図によって生み出される空間の問題こそが、安倍氏が足をすくわれてしまった要因です。彼はカメラ目線で国民に直接語りかけることによって、国民に必要以上に自分の言葉の真意を問うような空間をつくり出してしまいました。視線を逸らせていればそのような空間は生まれず、普通の記者会見の「シーン」を我々国民は普通に消費するだけだったのです。これはメディアを介しての情報伝達の失敗例といえるのではないでしょうか。

5 テイク4——身体を使う、隠す

先ほどのテイク3を撮影した後、「シーン」のリアリズムを増すために、おしゃべりしている聴衆に向けてメッセージを発さなければいけないという不利な状況に女性をおいてみました。その結果彼女は、聴衆に聞いてもらうために、自分の発するメッセージにより説得力をもたせようと努力しなければならなくなりました。このテイクに関し、ある参加者は、「逆境をつくり出すことによって、彼女の言葉がより彼女の身体から発されているようにみえた」とコメントしました。この感想をきっかけに、次に、身体と言葉の関係性をより明確化するための新たな実験を行いました。

新しいテイクでは、坂倉杏介先生に先ほどと同じメッセージを読み上げてもらいました[図10]。カメラはクローズアップで坂倉先生の顔を映し出しているのですが、なぜか時折彼の顔や首の筋肉が不必要な動きをし、文章にもおかしな抑揚が加わります。さらに時間が経つにつれ彼の体は小刻みに揺れ動き、異様な切実さを放っています。一体ここでは何が起こっているのでしょうか。実は坂倉先生は、「空気椅子の姿勢で、いくら苦しくても決して表情を変えずに、最後まで文章を読みきる」という指示に基づいてメッセージを読み上げているのです。

このように、メッセージの発信者をある逆境におくことによって、言葉を発するという行為は、口先だけのものから、より身体的な行為に近づきます。そして、身体から発せられた言葉には、先ほどの「構図」で見たような「シーン」のリアリティーとはまた別のリアリティーを映像に加える力があるのです。

ここでは、坂倉先生の顔の筋肉の微細な動きをはっきりとらえるためにカメラを近づけている点も重要です。当たり前のことですが、カメラが引いた状態では、空気椅子に座っているということがすぐにわかってしまいます。もしこのカラクリがわかってしまうと、映像を覆っていた不思議さ、不可解さは失われ、この映像はただ空気椅子に座ってメッセージを発している男の図になってしまいます。それよりも、空気椅子の事実を隠し、フレームの外の世界の情報を排することによって、実際何が起こっているかの判断は映像を見ている私たちの想像力に託されることになります。

このような鑑賞者の想像力に託す映像は、実際に起こっていることと以上の効果を鑑賞者の脳内につくり上げることができます。その良い例はニュース番組でときどき見かける、事件の被害者の自宅の映像にその遺族の泣き声が被せられているような報道映像ではないでしょうか。実際のところ誰のものかもわからないその悲痛の泣き声に、私たちの想像力はただただかき立てられます。実際の泣き叫んでいる姿が見えない分、想像の中でその悲しみの図はいっそう絶対的なものへと昇華されます。このようにあえてフレームの外に隠すことにより映像の効果を高めるというメカニズムは、実際多くの映像作品に使われている手法です。

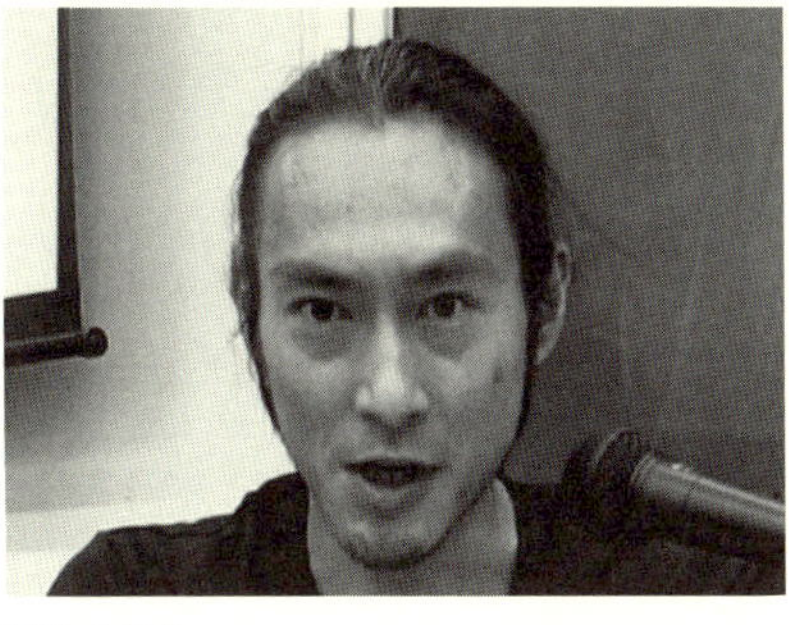

図10 テイク4

このテイクが放つ異様なリアリズムと不思議さ——これはこの映像が単なる伝達表現空間から脱して、新たなる領域に足を踏み入れていることを示しています。制度化された形式・構図に歪みを与えることによって生まれた、従来の意味作用から逸脱した奇妙な空間。その空間はさまざまな解釈を受け入れ、凝り固まった既成概念を崩し、新たなる可能性を端的に我々に示してくれる、豊かな表現空間といえるのではないでしょうか。

6　テイク5—8——音楽をのせてみる

最後に、テイク4での奇妙さが生み出した逸脱に焦点をあて、映像のさらなる可能性を楽しんでみるべく、テイク5から8では、この映像にさまざまな音楽をのせてみました。いうまでもなく音楽は映像の演出にとって非常に大きな要素です。通常、私たちが慣れ親しんでいるテレビや映画においては、その映像の効果を高めるような音楽が選択されていますが、今回の実験では、一見この映像に調和しないと思われるホラーやロックをのせてみました。

映像と調和しない音楽をのせることによって、どのような効果が生まれるのでしょうか。音楽が違うだけでその映像、そしてメッセージから生まれる意味作用が異なってくることは明白です。たとえば、ホラーは意外にも映像と調和し、国家主義的なメッセージの緊張感は高められ、メッセージに対する違和感が増大するように感じられます。それに対し、ロックを合わせるとメッセージの角がとれ、違和感なく国家主義的なメッセージを聞き入れることのできる状況がつくられるのです。この国家主義的なメッセージを批判的に表現するためには、どの音楽を選択すべきでしょうか。そして、もしこのメッセージを批判抜きに受け入れてもらいたい場合は？

どの音楽が合わないと感じるかは人によって異なるでしょう。いずれにせよ、映像に通常とは違った音楽をあわせることによって、映像が異化され、ふだんは無意識に受け入れている映像と音楽の関係に対する批判性が生まれます。それは、制度化された意味作用を破壊し、新たな意味を見出す契機となるのです。ヴィデオ・アートをつくることは、このように私たちを既存の形式や制度の「外部」へと開くことなのです。

おわりに

公開講座の限られた時間内でヴィデオ・アート作品を完成させるにはいたりませんでしたが、さまざまな実験をとおして映像メディアのもつメカニズムにふれ、ヴィデオ・アートが目指す批判性の一端を垣間見ることはできたように思います。芸術的価値をもった映像にたどりつくことは容易ではありませんが、少なくともそこへ行こうとする過程における発想の方向性を参加者と共有することができました。

テイク8までの実験で明らかなように、映像というメディアの強さは、一定時間私たちの視覚と聴覚を支配する力をもっていることです。言い換えればそれは私たちを魅了する力ともいえます。ヴィデオ・アートを「読み」「つくる」ことは、単に映像メディアに批判的になるということではなく、映像の可能性を十分に楽しむということなのではないでしょうか。

第2章　マンガから読み解く「形式」と「内容」

坂倉杏介

「形式」と「内容」は分けられない

前章では、ヴィデオ・アートの読み方とつくり方をみてきました。ヴィデオ・アートとは何より、映像という「形式」を操作し、問い直す芸術です。ワークショップでの「実験」を事例に紹介したように、映像的な操作は、ひとつの同じメッセージをいかようにも強めたり歪めたりする力をもっています。

もう一度、簡単に振り返ってみましょう。ワークショップでは、歴史観、国家観などさまざまなイデオロギー的問題をはらんだ（エネルギーが充填された）田母神論文を取り上げ、しかし、その論文の是非をまったく問うことなく、「カメラの前でそのメッセージを読み上げるという行為」に対して、映像的な操作を加えました（フレーミング、話者の状況設定、音楽など）。これによって、ひとつのテクストが全く異なる意味を帯びることが明らかになりました。ときにNHKのニュース番組のように客観的事実を述べるかのように聞こえたり、ときに国家主義的なプロパガンダのような恣意的な主張と感じられたりします。また、話者が空気椅子による肉体的緊張を強いられることで、本来それとは全く異なるはずの「話者の語るメッセージ」に、なにやら鬼気迫る切実さが「混線」することすらありました。同じメッセージを繰り返し読んでいるにもかかわらず、映像的な「形式」を入れ替えることによって、受け取る印象が全く変わってしまうのです。

このことは、映像という「形式」が、朗読されたメッセージという「内容」と不可分であるということを示しています。ヴィデオ・アーティストは、この「形式」を操作することで、映像が潜在的にもつ魅力や欺瞞性を、私たちの常識的（だと思い込んでいる）思考形式や感性を、社会の制度や権力構造を、暴き、問い直そうとします。このことは他方、日常的に膨大な映像表現に触れている私たちにとっても、他人事ではありません。なにしろ、「内容」は「形式」によって全く異なる意味付けをされてしまうのです。ある事実（＝内容）を、できるだけ脚色なく伝えようとする良心的な報道（＝形式）ならまだしも、取るに足らない商品（＝内容）が、あたかも私たちの生活の不便を一掃してしまうかのように宣伝される（＝形式）ことだってあります（もっとも報道についても、客観的であることを期待する私たちの「常識」を逆手にとる、ということだって往々にして起きていますが）。したがって、日常的に触れるさまざまなメディアを読み解く私たちには、まずもってこの「形式」と「内容」を読み分ける力、より正確にいえば、両者が分ち難く結びつくことによって「意味」が生じているということを理解する力が求められています。

マンガと映画の共通点とは？

「形式」と「内容」をみていくための素材として、この章ではマンガを取り上げます。マンガは、近年では次第に学術的に研究すべき対象として認知されるようになり、そのとらえ方も、発達史、ジャンル、社会現象との関連などさまざまです。ここでは、次章で取り上げる映画（進行する物語（＝内容）に対して、演出や編集という技法（＝形式）がどのように用いられているかを読解していきます）への橋渡しとなるように、マンガの持つ独特の「形式」がどのように物語という「内容」の表現に結びついているかという点に、目を向けることにします。

マンガ[1]と映画に共通するものとは、何でしょうか。一方は紙の上の表現、他方は映像表現です

〔註〕

1——ここでは、ストーリーマンガを取り上げます。

から、一見あまり共通性はなさそうに思うかもしれませんが、両者は似通った性質を多くもっています。まず、写真や絵画と同じく、どちらも視覚表現です。しかし、写真や絵画とは異なり、マンガと映画では、文学のように物語が進行していきます。つまり、「視覚的に物語を進行させる」という点が両者の大きな共通点です。もちろん、マンガと映画では異なる点もあります。映画は動きますが、マンガは動きません。映画が、観客が何もしなくても自動的に物語を先に進めてくれる受動的なメディアであるのに対して、マンガは、読者が自ら目を動かしページをめくらなければ物語が進行しない能動的なメディアです。

「視覚的に物語を進行させる」という両者の特徴からは、もうひとつ重要な共通点がみえてきます。それが、「コマ」です。映画では「ショット」に相当しますが、両者はよく似ています。写真がひとつの構図だけをもつ視覚表現であるのに対して、マンガと映画は、複数の画面が連続することで、物語の流れをつくり出しているのです。

コマによって物語の流れをつくり出すということを、もう少し仔細に考えてみると、それは、コマとコマがつながることによって、写真とは異なる意味が生まれるということに他なりません。コマに描かれた内容そのものではなく、ひとつのコマから次のコマへ移ることによって（映画ならば、あるショットから次のショットに切り替わることで）、はじめて表現が可能になる特有の意味があるということです。これが、マンガと映画というメディアに共通した「形式」であり、この特有の「形式」を活用することによって、物語（＝内容）が紡がれているわけです。

したがって、こうしたコマとコマの関係という形式と、物語の関係を読みとっていくことは、マンガを読むだけではなく、映画を読解する際にも非常に重要な役割を果たします。さらに、自ら映像表現を行う場合にも、ショットとショットの関係を考える視点は不可欠だといってよいでしょう。

なぜマンガを読むことができるのか？

マンガを読むということは誰にでも簡単にできるように思われます。それは間違いではありませんが、実はこの点が、マンガのコマを分析していく際の盲点にもなっています（映画についても同じです）。というのも、マンガを読み、そのストーリーを追うことはとても簡単であるがゆえに、「なぜそのように読めるのか」については、あまり注意が払われないからです。

ひとつ、わかりやすい例を挙げてみましょう。ここに、『バット君』という戦後まもなくの少年マンガの抜粋があります［図1］。よく見ると、各コマの右上に、番号が振ってあります。なぜでしょうか。まだマンガの描き方、読み方が定着していなかったこの時代、どのような順番でコマを読んでいけばよいのか、読者全員に充分に浸透していなかったからだとマンガ文化研究者の秋田孝宏は指摘しています[2]。

つまり、マンガを読めるということは、私たちにアプリオリに備わった能力ではないということです。これをまずは意識してみてほしいと思います。今のように右上から左下へ順にコマを読み進める習慣は、さまざまなマンガ表現が試され、多くの読者を獲得するなかで成立したことなのです。このような読み方が定着することで、コマに順序が示されていなくても、順番を間違わずに読めるようになりました。さらに、現代のマンガのように、コマから人がはみだしていたとしても[図2]、絵画を見るように一枚の図としてとらえたり、「1ページに同じ人が何人も描かれている」とは感じず、物語の時間的変遷や、描かれている人の心理的な描写として追うことができるのです。

図1　井上一雄「バット君」『漫画少年』1949年6月号

図2　萩尾望都『トーマの心臓』小学館文庫、1995年、88-89頁

右上から左下へというコマの流れは、視線をどのように動かすかということに影響します。次節で具体例を挙げますが、マンガの描かれた紙面の上では、時間や空間は右から左へ、上から下へと流れていきます。右から左のほうへ移動する自動車やボールはスムーズですが、左から右へ動く表現は、視線の自然な動きに逆らいます。

他にも、マンガは本のかたちをしていますから、ページをめくることが、読む行為のなかに含まれます。小説では文章がページをまたがる場合がありますが、マンガの場合、絵がページをまたいで描かれ

［註］

2――井上一雄「バット君」『漫画少年』（１９４９年６月号、秋田孝宏）『「コマ」から「フィルム」へ　マンガとマンガ映画』（ＮＴＴ出版、１９８８年、１９０－１９３頁）

ることはありません（見開きの場合は別です）。左ページの左下のコマから、ページをめくって次の右上のコマの間には、隣りあったコマ同士とは異なる接続のされ方がなされるということです。

このように、マンガには、右上から左下へページをめくりながら読み進むという、読むための基本的な作法があります。読者は無意識にこの約束事に沿って読んでいます。一方作者は、この約束事を「意識的に」利用して、物語を進めているのです。こうした基本的なマンガの読み方に注意を払うことが、そこで使用されている技巧に気づく第一歩になるといえるでしょう。そこには、マンガ特有の表現があり、また非常に面白いことに、映画とも共通する技術が多くあります。次節では、こうした「物語を進行させるために利用されている技術」を具体的に取り上げます。

『AKIRA』の4ページから読む「形式」と「内容」

マンガにおける物語の表現が、いかにマンガという「形式」をうまく利用してなされているかを具体例を挙げて紹介します。マンガに独特の表現もあれば、先に触れたように、コマとコマのつながりを活かした映画に通じる表現もあります。大友克洋『ＡＫＩＲＡ』を例に、みていきましょう。

大友克洋（１９５４−）は、それまでの主流だった戯画的な（いわゆるマンガ的な）表現から大きく飛躍し、80年代以降のマンガに大きな影響を与えた作家です。リアルに描き込まれた緻密で均質な画風、臨場感あふれる複雑で動的な画面構成が特徴で、『AKIRA』は、その代表作です。描写のリアルさだけでなく、アングルやコマ割りを自在に使い、人物やバイクがアクション映画さながらに躍動する様は圧巻です。実際に、映画化された『AKIRA』は海外でも大きな反響を呼び、その後の映画にも少なからぬ影響を与えたといわれています。

図3は、『AKIRA』から抜粋した4ページです[3]。描かれているのは、次のようなストーリーです。主人公の金田と鉄男を含む不良少年グループが、廃墟となった高速道路をバイクで疾走している。先頭を走る鉄男がコーナーを抜け前方に目を向けると、暗闇のなかに人影のようなものが動く。それは急激に近づき、ライトに照らされた子どもの姿がバイクの正面に迫る。叫び、ブレーキをかける鉄男。手で顔を隠しながら身構える子ども。接触すると思われたその瞬間、爆発が起こり、鉄男は投げ出される。なんとか爆発を避けた仲間たちは、混乱のなか鉄男に駆け寄る。バイクを降りた金田は、ヘルメットを脱ぎ捨て子どもに詰め寄る。すると、それは皺だらけの老人のような奇妙な人間だった――。

〔註〕

3――大友克洋『AKIRA（part 1）』（講談社、1984年、22–25頁）

図3　大友克洋『AKIRA（part 1）』講談社、1984年、22-25頁

こうした物語を表現するために、どれくらいの技法が埋め込まれているでしょうか[図3][4]。まずはマンガに特有の表現として、代表的な3点を取り上げます。左右の非対称性、コマ内部の時間経過、ページをはさんだ表現です。

まず、左右の非対称性ですが、これは、読者の視線が右上から左下へ移動することを最大限に活用した手法です。マンガ表現では、必ずといってよいほど基本的な進行方向は右から左となっています。1ページ目の右下、2ページ目と3ページ目の最初のコマを見ると、いずれもバイクの進行方向が左側です。右から左へ視線を動かす読者にとっては当然、右から左への移動に自分自身の気持ちを移入しやすい。これに合わせることで、自然にスピード感が得られるわけです。逆に、3ページの2コマ目、爆発を避けた仲間は、右方向へよろよろと進んでいます。勢い良く突き抜けたと

[註]

4——公開講座では、この4ページのなかに含まれるマンガ的表現を、書き手の視点に立ってトレースすることで、参加者それぞれが発見するというワークショップを実施しました。この手法は、2006年に多摩美術大学で開講された「プレデザイン」という講義のなかで、西村佳哲氏が行っていたものを参考にさせていただいています。また、本文中の『AKIRA』の解釈についても、西村氏の指摘を援用させていただいています。

いうよりも、どうにかこうにか爆発を逃れたというように見えないでしょうか。

次に、コマ内部の時間経過。マンガでは、一コマのなかに本来は同時でない出来事が一緒に描かれることがあります。再び、3ページ目の最初のコマを見てみましょう。右から進んで来るバイク、中央に爆発、左に道路にたたずむ人物があり、「わあ」、「鉄男！」という台詞、効果音として「ボン」という爆発音と、「キキキィィィ」というブレーキ音が描かれています。ひとつのコマに一緒に描かれているとはいえ、厳密にはここに描かれている全てが同時に起こったわけではないはずです。少なくとも、読み手の意識のなかに再生されるのは、右からブレーキ音とともにバイクが進んで来て、左の人物の目前で「ボン」と爆発が起こる。ほぼ同時に、「わあ」という叫び声。そして最後に、「鉄男！」。という流れではないでしょうか。絵は動いていないはずなのに、不思議です。なぜこのように時間的な経過を読みとることができるかというと、マンガのコマという平面には、情景が空間的に描かれるとともに、物語の時間的な流れも描くことができるからです。コマを順々に読み進めるように、一コマのなかに描かれた事物や台詞にも読む順番があります。このコマの場合、右端から動いて来た読者の視線が、まず爆発に突き当たる。「わあ」という叫び声が背景に響くなか、「ボン」という音でそれが強調され、最後に左下の「鉄男！」という台詞を読むという流れがあります。コマ全体を読むのは1秒にも満たないでしょうが、そのごくわずかなタイムラグを操作することで、一緒に描かれた事物の順序が成立しているのです。

では、この衝撃的なコマの前は、何が描かれていたでしょうか。ページを戻ってみると、2ページ目の最後のコマは、道路の中央に突然現れた人物が、ライトの強烈な光に照らされ、手を前に出し身構えています。ふたつのコマが、仮に同じページで隣り合っていたとすると、ここまで爆発による衝撃、意外性が出たでしょうか。ここで巧みに使われているのが、ページをめくるというマンガの形式です。前のページの終わりのコマで、まさに衝突する寸前の一瞬が描かれ、息を飲んでページをめくる。ここで一瞬の間をおくことで、ぶつかるのか、よけることができるのかという想像が読者の頭を巡ります（付け加えるならば、手のひらに書かれた謎の数字は、物語全体にとって重要な役割を果たすのですが、この数字も頭に焼き付きます）。そして爆発が起こる。こうして、爆発が印象的な出来事として強調されるのです。

続いて、映画とも共通する表現をみてみましょう。各コマを、映画のショットだと想像しながら読んでみると、コマそれぞれが動きだし、さながら絵コンテのようにみえてきます。そのようにみてみると、よりわかりやすいはずです。ここでは、視点の変化、クローズアップ、同一化の3点からみてみます。

視点の変化とは、映画であれば、さまざまな角度から撮影することでひとつの情景をリアルにわかりやすく表現することです。同じことが、マンガにも当てはまります。1ページ目の最初の2コマを比べてみてください。最初のコマは、バイクの集団を前方からとらえています。次のコマは、集団のなかから前方方向へ、不良グループの誰かの視線から描かれています。また、2ページ目の下の2段は、バイクから男を見る視点と、男の後方からのアングルが連続しています。小学生の描いたマンガや、ホームビデオでは、あまりこうした視点の変化はみられません。複数の視点から多彩な描写をすることで起伏に富んだ表現になり、情景の的確な描写とともに映像的な魅力が増します。映画とマンガに共通するポイントです。

クローズアップとは、人物の全身像だけでなく、顔などを大きく映し出す手法です。これによって、表情の変化などを強調することが可能になります。現代では常識的な手法ですが、映画の発達史のなかでは大きな技術革新のひとつでした。1ページ目の2コマ目から3コマ目、また4ページ目の1段目から2段目にかけて、それぞれバイクにまたがり先陣を切る鉄男の姿と挑発的な表情、男に詰め寄る金田とその姿を目の当たりにして当惑する表情が、クローズアップの手法によって強調されています。また、表情の強調とは少し異なりますが、4ページ目の1コマ目には、地面に叩き付けられたヘルメットが大きく描かれています。なぜこのコマが必要だったのでしょうか。前のコマでバイクにまたがったまま叫んでいる金田が、次のコマでは男に歩み寄っています。ヘルメットが叩き付けられたということは、彼がバイクから怒りの感情をともなって勢いよく降りたことを暗示しています。「怒りながらバイクを降りる絵」は、どうしても描きづらいですから、このように物にクローズアップし出来事を説明することは、非常に効果的な表現といってよいでしょう。

最後に、同一化について触れます。2ページ目の1段目では、鉄男の表情のクローズアップ（「!?」）と、遠くの人影が連続したコマに描かれています。また4ページ目下2段では、金田の表情（「!」、「……」）の後、（一コマおいて）皺だらけの男が続いています。ふたつのコマの関係は、人物のクローズアップと、その人物が見ている物という関係であることは明らかなのですが、これらのコマが連続していることで、どのような効果が生まれているのでしょうか。たとえば、金田と皺だらけの男が対峙している様子を、ひとつの構図にふたりともおさまるような視点から描き出せば、「金田が皺だらけの男を見ている」ということは、同じように説明できるはずです。しかし、このふたつの表現は異なります。ここで起こっているのは、読者があたかも、何かを見ている作中の人物（この場合は、金田）の視点に立っているかのように感情移入して、その対象（皺だらけの男）を見るという作用です。この作用によって、物語を客観的にみるだけでなく、より主観的に、感情的に参加しながら読むことができるようになります。これを同一化と呼びます[5]。マンガ研究家の竹内オサムによれば、もともと映画の手法だった同一化を最初に意識的にマンガ表現に応用したのが、手塚治虫だといいます。
このような視点からみることで、ふだんは何気なく物語を追っているマンガのなかにも、それが私たちの頭のなかに再生されるためには、非常に多くの技術が使用されていることがわかるはずです。このような技術は、マンガの持つ「形式」を活用し、それを読む私たちの感性を巧みに操作しています。こうした「形式」へ注意を払うことは、同じように視覚的に物語を描き出す映画を分析する際にも、大いに役立ちます。

マンガから映画へ

『AKIRA』巻末の献辞で大友は、「この作品を……そして、手塚治虫先生に」と書き、手塚へ作品を捧げています。その手塚は、かつて以下のように述べています。

ぼくは、従来の漫画の形式に限界を感じていて、ことに構図の上に大きな不満をもっていた。……従来の漫画は、「のらくろ」にしてもなんにしても、だいたい平面的な視点で、舞台劇的に描かれたものがほとんどだった。ステージの上で、上手下手から役者が出てきてやりとりするのを、客席の目から見た構図であった。これでは、迫力も心理的描写も生みだせないと悟ったので、映画的手法を構図に採りいれることにした。そのお手本は、学生時代に見たドイツ映画やフランス映画であった。クローズ[・]アップやアングルの工夫はもちろん、アクションシーンや、クライマックスには、従来一コマで済ませていたものを、何コマも何ページも刻明に動きや顔をとらえて描いてみた[6]。

マンガの表現に対して常に革新的な態度を崩さなかった手塚は、他のどのようなメディアでもなく、映画を手本にしていました。きわめて映画的と評される大友のマンガを手塚もまた認めないわけにはいかなかったといわれています。ともに映画を意識しながらマンガの表現領域を拡大し続けた両者には、世代を超えた共鳴があったといっても不当ではないでしょう。

写真から発展した映画、絵画から派生したマンガ。マンガは映画を参照し、またあるときは映画

[註]

5——竹内オサム「手塚マンガの映画的手法」竹内オサム・村上知彦編『マンガ批評体系第3巻　描く・読む・売る』(平凡社、1989年、53–56頁)

6——手塚治虫『ぼくはマンガ家』(毎日新聞社、1969年、87頁)

がマンガをヒントにして、革新的な映像表現を獲得してきたといってよいでしょう。ここでは、『ＡＫＩＲＡ』を素材にして、物語を紡ぐ「形式」を具体的に取り上げてきました。「形式」をみる目は、メディアの違いを越えて、みなさんにさまざまな視覚表現を見極め分析する手だてを提供してくれるはずです。

第3章　文学から映画へ――『山椒大夫』における記憶の回復

佐藤元状

はじめに――「形式」と「内容」についての考察

ヴィデオ・アートとマンガの章で問題となったのは、特定のメディアにおける「形式」と「内容」の関係でした。ヴィデオ作品の実験において小泉明郎・小泉有加が示そうとしたのは、「形式」に手を加えるごとに「内容」が微妙に変質していくという点でした。フレーミング（スクリーンで見られるものを選択し、構成すること）を切り替えたり、登場人物の視線や振る舞いに異なった演出を加えたり、異なったジャンルの音楽を付け加えたりすることによって、同一のメッセージが異なったニュアンスをもって伝達されることになるのです。

マンガの章においても同様の考察が行われました。坂倉杏介はマンガというメディアにおいて「形式」と「内容」が不可分であることを『ＡＫＩＲＡ』の精読によって例証しました。『ＡＫＩＲ

A』という作品の「内容」は、マンガに特有のさまざまな「形式」――コマとコマを自由自在につないでいく巧みな技法はその最たるものです――に支えられることによって、はじめて視覚的に意味を成す一連の物語として成立します。つまり、私たちが読者として目にするマンガという視覚的な物語は、「形式」と「内容」の複雑な結晶化作用の産物なのです。

本章では、以上のような「形式」と「内容」をめぐる考察をふまえた上で、文学と映画というふたつのメディアを読み解いていき、それぞれのメディアに固有の形式的特徴を明らかにしていきたいと思います。

文学と映画――アダプテーションとは何か？

文学と映画の分析を始める前に、両者の関係を「アダプテーション」という角度から考察しておきましょう。ここではひとつのメディアからもうひとつのメディアへの跳躍をアダプテーションと呼びます。アダプテーションを考察する上で大切なのは、原作とその翻案の関係を「内容」と「形式」(「映画化＝形式化」)という二項対立の図式から解き放つことです。映画へのアダプテーションが行われるときに、原作と映画のどちらが優れているのかという議論がしばしば持ち上がりますが、このような議論はそれぞれのメディアに固有の形式的特徴を忘却したときに生まれるものです。それぞれのメディアには固有の「形式」と「内容」があり、その両者が相互に影響を及ぼしながら作品を構成しているという視点は、アダプテーションの比較研究に欠かすことができません。

以上の点に留意した上で、森鷗外の「山椒大夫」（1915）と溝口健二の『山椒大夫』（1954）を読み解いていき、文学と映画というふたつのメディアに固有の形式的特徴を明らかにしていきましょう。

森鷗外の「山椒大夫」を読み解く

森鷗外（1862－1922）の「山椒大夫」は古くから伝わる説経節に短編小説の形式を与えたものです[1]。簡単に物語の「内容」を紹介します。

〔註〕

1――説経節「さんせう太夫」と森鷗外「山椒大夫」の関係をアダプテーションの観点から分析することは避けて通れない手続きであり、森鷗外の文学を理解するためには不可欠な作業ですが、本章では紙面の都合で割愛させていただきます。

筑紫へ左遷された父の平正氏に会うため岩代の信夫郡を出発した、母親と姉娘の安寿、弟の厨子王と召使いの姥竹の4人は、一泊の宿を提供した山岡大夫にだまされ、直江の浦より舟に乗り、越中境の方角の岩陰で宮崎の三郎と佐渡の二郎に売りつけられます。母親と姥竹は二郎の舟で佐渡へ向かいますが、姥竹は海に身を投げることを選びます。安寿と厨子王は三郎の舟で丹後の由良の港に運び込まれ、荘園領主の山椒大夫に奴隷として売られます。ふたりは運命を受け入れ、姉は潮汲み、弟は芝刈りに専念しますが、日が暮れると筑紫の父と佐渡の母を恋しがります。山椒大夫の次男二郎は、父母に会いたいなら大きくなるまで待つようにと助言しますが、ふたりの気持ちは募るばかりで、逃走の計画をついに三郎に立ち聞きされてしまいます。用心深くなった姉は冬の間糸を紡ぎながら虎視眈々と機会を待ちます。春が近づき外での仕事ができるようになると、安寿は二郎に弟と一緒に芝刈りをさせてくれと頼み込みます。芝刈りに出かけると、安寿は厨子王に心中の計画を打ち明け、弟に中山の国分寺へ逃げ込み、それから都へ向かうよう指図します。国分寺の曇猛律師に助けられ、厨子王は都に上りますが、このとき安寿はすでに沼に身を投げ、亡き人となっています。厨子王は東山の清水寺で関白師実に出会い、姉から授かった守本尊によって平正氏の嫡子と認められ、丹後の国守に任命されます。ここで父もすでに亡き人になっていることが判明します。元服して正道となった厨子王は、丹後での人身売買を禁止し、恩人の曇猛律師を出世させ、安寿を弔い、入水した沼の畔に尼寺を建てた後、休暇をとって佐渡へわたり、そこでぼろを着た盲目の老女となった母と再会します。

以上の概要を手がかりに「内容」に忠実に作品を読み解いてみましょう。「山椒大夫」の物語を構成する因果関係とは何でしょうか。この物語は家族の離散と再会をめぐる物語です。したがって、物語の展開は、父親、母親との別離にはじまり、姉弟の試練と葛藤、姉弟の別離を経て、親子の再会へとつながる一連の出来事に要約することができます。当然、安寿と厨子王は物語の中心人物となります。しかし、物語の展開において鍵となるのは、ふたりの中心人物ではなく、安寿が母親から授かる守本尊なのです。守本尊は安寿と厨子王を危機から守ります。三郎に脱走を立ち聞きされ、ふたりは罰として額に火箸をあてられ悲鳴をあげますが、守本尊の前で額を地につけ礼拝することによって現実は夢となるのです。

二人の子供は起き直って夢の話をした。同じ夢を同じ時に見ていたのである。安寿は守本尊を取り出して、夢で据えたと同じように、枕元に据えた。二人はそれを伏し拝んで、微かな燈火の明りにすかして、地蔵尊の額を見た。白毫の右左に、鑿で彫ったような十文字の疵があざやかに見

――えた[2]。

この印象的な挿話は物語の展開のなかで重要な役割を担っています。それは現実を夢に変えるほどの超越的な力の存在です。安寿はこの事件以降、慎重に行動することになりますが、彼女は守本尊の超越的な力によって守られていることに気づいています。「毫光のさすような喜を額に堪えて、大きい目を赫かしている」（282）安寿は、神仏の導きの媒介となって厨子王に守本尊を託します。守本尊が彼を国分寺へと、都へと、佐渡へと導いていくのはいうまでもありません。最後にはその超越的な力によって盲目の母の目を開かせさえします。つまり、「放光王地蔵菩薩の金像」（293）こそが物語をその結末にまで導く決定的な要因なのです。ここにきて「山椒大夫」の物語が、家族の離散と再会の物語であると同時に中世的な神の信仰の物語であることが判明します。

「山椒大夫」の「語り」の戦略

「山椒大夫」の物語が家族の離散と再会の物語であると同時に中世的な神の信仰の物語であることを見抜くことは、難しいことではありません。安寿が髪を切り命を絶つことによって神仏となり、厨子王を導く守本尊と化していく様子は、文章の端々から読み取れるように工夫されているからです。しかし、内容レベルでの分析で証明できるのはここまでです。守本尊が物語の重要な装置として機能していく理由を形式的に把握するためには小説の「形式」に注目しなければいけません。

ここでは小説の「形式」の重要な要素として「語り」を挙げたいと思います。「形式」としての「語り」は物語の「内容」とは区別されます。「語り」とは「語り手」――「作者」とは異なる審級に想定される人物――が物語を語るその特定の方法を指しています。物語の「内容」が同じであっても「語り」のスタイルによって異なったニュアンスを含んだメッセージが届けられるようになります。つまり、小説というメディアにおいても「形式」と「内容」は互いに影響し合って、ひとつの作品を生み出しているのです。

「山椒大夫」の「語り」を特徴づけているのは直接話法の会話文と「地の文」の自由自在な使用法です。森鷗外が「山椒大夫」の演劇を創作しようとしていた事実も手伝って[3]、直接話法で語られ

［註］

2――森鷗外「山椒大夫」『森鷗外 ちくま日本文学』（筑摩書房、2008年、275頁）
以下、括弧内にページ数を記します。

3――森鷗外「歴史其儘と歴史離れ」『歴史其儘と歴史離れ 森鷗外全集14』（筑摩書房、1996年、223頁）

る登場人物の台詞のやりとりに演劇的な要素を見い出す批評家は枚挙に暇がありません。直接話法が登場人物の造形に大きな影響を与えていることは間違いありません。「語り手」が個々の登場人物の年齢と社会的な立場にふさわしい台詞を準備しているからです。しかし、この作品は演劇的な形式を備えていると同時に小説的な形式を備えています。それは「地の文」と呼ばれる直接話法の会話文以外のすべての箇所に見い出すことができます。つまり、「地の文」にこそ小説的な「語り」の戦略が見い出されるのであって、その独特の使用法に「山椒大夫」という小説の形式的な特徴が表れているのです。

森鷗外の小説の「語り」の戦略は、現在時制を使用した「語り手」の観察者的な視点を色濃く反映した叙述法にあるといっても過言ではありません。冒頭の段落を引用してみましょう。

越後の春日を経て今津へ出る道を、珍らしい旅人の一群が歩いている。母は三十歳を踰えたばかりの女で、二人の子供を連れている。姉は十四、弟は十二である。それに四十位の女中が一人附いて、草臥れた同胞二人を、「もうじきにお宿にお著なさいます」と云って励まして歩かせようとする。二人の中で、姉娘は足を引き摩るようにして歩いているが、それでも気が勝っていて、疲れたのを母や弟に知らせまいとして、折々思い出したように弾力のある歩附をしてみせる。近

――い道を物詣にでも歩くのなら、ふさわしくも見えそうな一群であるが、笠やら杖やらかいがいしい出立をしているのが、誰の目にも珍らしく、また気の毒に感ぜられるのである。（247）

登場人物の造形を行いながら、旅の一行の出で立ちの異様さを鋭く観察している見事な導入です。そこから徐々に「語り手」の存在が後退した客観的な三人称の描写に移行し、過去時制の叙述法がはじまりますが、その導入を滑らかな現在時制の「語り」が担っている点に注目してみる必要があります。現在時制が一貫して使用されている理由は、それが4人の旅を現在進行中の出来事として読者に認識させるような修辞上の効果をもっているからです。現在時制の「語り」は今まさに立ち上がろうとしている出来事に読者を呼び込む効果をもっているのです。この効果は過去時制を使用した叙述法では生み出すことができません。

実は、この現在時制の「語り」は物語の鍵となる守本尊の奇跡の場面でも効果的に使用されているのです。現実が夢へと反転する重要な段落を引用します。

――その晩は二人が気味悪く思いながら寐た。……二人はふと物音を聞き附けて目を醒ました。今の小屋に来てからは、燈火を置くことが許されている。その微かな明かりで見れば、枕元に三郎が立っている。三郎は、つと寄って、両手で二人の手を摑まえる。そして引き立てて戸口を出る。蒼ざめた月を仰ぎながら、二人は目見えの時に通った、広い馬道を引かれて行く。階を三段登る。廊を通る。廻り廻って前の日に見た広間に這入る。……三郎は二人を炭火の真っ赤におこった炉の前まで引き摩って出る。……三郎は炭火の中から、赤く焼けている火筋を抜き出す。それを手に持って、しばらく見ている。初め透き通るように赤くなっていた鉄が、次第に黒ずんでくる。そこで三郎は安寿を引き寄せて、火筋を顔に当てようとする。厨子王はその肘に絡み附く。三郎はそれを蹴倒して右の膝に敷く。とうとう火筋を安寿の額に十文字に当てる。安寿の悲鳴が、一座の沈黙を破って響き渡る。三郎は安寿を衝き放して、膝の下の厨子王を引き起し、その額にも火筋を十文字に当てる。新たに響く厨子王の泣声が、やや微かになった姉の声に交る。……臥所の上に倒れた二人は、しばらく死骸のように動かずにいたが、たちまち厨子王が「姉えさん、早くお地蔵さまを」と叫んだ。安寿はすぐに起き直って、肌の守袋を取り出した。わななく手に紐を解いて、袋から出した仏像を枕元に据えた。二人は右左にぬかづいた。その時歯をくいしばってもこらえられぬ額の痛が、掻き消すように失せた。掌で額を撫でてみれば、創は痕もなくなった。はっと思って、二人は目を醒ました。（273–275）

三郎に立ち聞きされてしまったことを不安に感じながら眠りについたふたりは物音に目を醒ましますが、この描写が過去時制になっているため、読者は実際に起きた事柄と思い込みます。そして三郎の一連の動作が今度は立て続けに現在時制で語られるため、読者は現在進行中の出来事に否応なく巻き込まれていくことになります。火筋の刑は現実にそこで行われている出来事なのです。その後読者はふたりが守本尊の奇跡にあずかり、現実が夢へ反転する場面に遭遇しますが、この描写が再び過去時制で描かれている点にも注意が必要です。現在時制を使用して「語り手」が寄り添うようなかたちで描かれた現在進行中の出来事を打ち消すには、その出来事の外部から判断を下すことのできる客観的な「語り手」のポジションを可能にする過去時制の完了的叙述が必要だからです。

森鷗外の「山椒大夫」の物語が家族の離散と再会の物語であると同時に中世的な神の信仰の物語であることは、「内容」レベルからも分析が可能でした。しかし、中世的な神の信仰を印象づける重要な挿話が現在時制という、優れて技巧的な「語り」によって支えられている点は、小説というメディアを理解する上で「形式」レベルでの分析が不可欠であることを物語っています。私たちは現実を夢に反転させる奇跡の描写に「形式」と「内容」が相互に影響を及ぼしながらひとつの小説作品を形作っている様子を読みとることができるのです。

溝口健二の『山椒大夫』を読み解く

溝口健二（1898－1956）の『山椒大夫』は森鷗外の短編小説を原作とした歴史映画です。したがって、その物語の「内容」は森鷗外の物語の「内容」と重なり合います。溝口健二の映画は、森鷗外の小説と同様、家族の離散と再会をめぐる物語であり、物語の展開は父親、母親との別離にはじまり、姉弟の試練と葛藤、姉弟の別離を経て、親子の再会へとつながる一連の出来事に要約できます。ここから両者の差異に注目していきましょう。登場人物の設定に関していえば、映画における父平正氏の際立った存在を強調しておきたいと思います。原作ではわずかに言及されるにすぎなかった父が映画では重要な人物として登場するようになります。母親はどちらの作品においても重要な存在ですが、映画では玉木という名前を与えられ、母親としてだけではなく、不幸を耐え忍ぶ一人の女性として描かれています。安寿と厨子王の姉弟関係が兄妹関係に逆転している点も重要な変更です。また原作では守本尊――映画では如意輪観音となっています――は母との離別の場面で母から姉の安寿に与えられますが、映画では父との離別の場面で父から兄の厨子王に与えられます。ふたりの年齢の設定の変化は思いのほか重要です。原作では安寿と厨子王はそれぞれ14歳と12

歳のときに筑紫への旅に出かけますが、山椒大夫の屋敷を脱出するときにはまだ1年も経過していません。ところが、映画では山椒大夫の屋敷で数年を過ごすことになります。他の登場人物にも多くの設定の変化がみられますし、原作の登場人物が新しい登場人物にとって代わられることもあります。しかし、安寿と厨子王の家族関係の変化に焦点を絞って映画の分析を続けます。

「山椒大夫」の文学から映画への跳躍の意義、つまり映画としての『山椒大夫』を読み解くためには、原作と映画版の類似と差異を物語の「内容」というレベルに留まって分析するのでは不十分です。小説が「形式」と「内容」の相互作用の産物であるのと同様に、映画も「形式」と「内容」の相互作用の産物だからです。映画の「内容」が小説のそれと同様、物語のかたちをまとっていることは明らかでしょう。映画もまた時間と空間のなかで生起する因果関係をもつ出来事の連鎖から成り立っているのです。では映画の「形式」は何によって定義づけられるのでしょう。映画の「形式」は「ミザンセン（演出）」、「撮影法」、「編集」、「音」の4つの要素に大別することができます。これらの要素がパターン化して使用され、そこに何らかの意味が形成されるとき、「形式」は映画のスタイルにまで格上げされるのです。安寿と厨子王の家族設定の変化という「内容」レヴェルの差異を手がかりに、映画としての『山椒大夫』の形式的特徴に迫っていきましょう。

『山椒大夫』における記憶の回復

厨子王と安寿の兄妹関係は、厨子王と父、安寿と母との同性間の結びつきを強化する働きをしますが、それが映画の冒頭でフラッシュバックの技法で描き出される点がこの映画を形式的に読み解いていく際の重要なステップとなります。

丸い石を映した静かなショット——これらの石は家族4人を表しているとも考えられますが、後に時間の経過を表す重要な記号となっていることが判明します——がふたつ続き、奥深い空間演出の森のショットを厨子王が対角線沿いに画面の右斜めに抜けると次のショットで右手から厨子王が駆け戻ってきて、母に父の行為の正しさについて訊ねます。それを確認すると厨子王はふたたび駆け出していきますが、少年の後ろ姿はディゾルブ（最初の映像が徐々に消えていきながら

図1　溝口健二監督『山椒大夫』1954年（提供=角川映画）

次の映像が徐々に現れてくること）で彼の幼年時代の姿に重ねられます。フラッシュバックのシークエンス（一連のショットのまとまり）が続き、父の左遷の様子が描かれるのですが、このシークエンスが母の姿で締めくくられ、旅先の川辺で水を飲む現在の母の姿にディゾルブしているのは、厨子王のショットへの接続を待ち望む視聴者の期待を裏切る点で、映像として非常にスリリングです。

図2 溝口健二監督『山椒大夫』1954年（提供=角川映画）

この後ふたたびフラッシュバックが挿入されますが、そのなかで父は息子へ如意輪観音を手渡し、「人は慈悲の心を失うては人ではないぞ。己を責めても人には情けをかけよ」という父の銘を記憶させます。フラッシュバックの後で厨子王がこの銘をまだ覚えていることが明らかにされます。父の銘が息子にだけ継承されていく理由は、3人を逆三角形の構図に配置した「ミザンセン」によっても視覚的に説明されます。父の銘の記憶という物語上の重要な挿話がフラッシュバックという過去の記憶を再現する「編集」

の技法と父母子3人の関係を印象づける「ミザンセン」によって提示されている点にこの映画の秘密があるのです。

厨子王と父の関係と対をなしているのは安寿と母の関係です。この関係が暗示されるのは、野宿のための材料を集めに行った子供ふたりが草を刈り、力を合わせて木の枝を折り、そして尻餅をつき、笑い合うシークエンスです。このシークエンスが高揚感のある音楽を伴っている点も指摘しておきましょう。このシークエンスにおいてスクリーンの外から鳴り響く母の叫び声を聞きとることができるのは安寿だけなのですが、それは女性同士の特別な結びつきを例証しています。技法的にいえば、スクリーンの外部の空間を生み出すためにフレーミング（スクリーンで見られるものを選択し、構成すること）という「撮影法」が採用されていますが、そこに「音」が効果的に利用されている点が特徴です。この「撮影法」と「音」の組み合わせは作品の重要な形式的特徴となっており、別の重要な場面でも使用されますが、それについては後ほど詳しくみていきましょう。

厨子王と安寿が山椒大夫の屋敷で数年を過ごすという設定は映画ならでは新しい設定でしたが、その数年の時間は映画の冒頭で登場したのと同様の丸い石を映した静かなショットで表現されます（図1を参照）。このショットをはさんでふたりの子供は青年に成長するのです。つまり、冒頭では意味を特定できなかったショットは時間の経過を表しているのです。最初の使用においては父との離別から厨子王たちの筑紫への旅立ちまでの数年を（だからこそフラッシュバックが使用されているのです）、そして二度目の使用においては山椒大夫の屋敷に滞在する数年を表しています。興味深いのはこの数年がどちらとも両親の記憶への挑戦として機能している点です。最初の数年は厨子王の記憶を風化させるにはいたりません。厨子王は父の銘をまだ覚えています。しかし、二度目の数年は厨子王の記憶を麻痺させています。厨子王は脱走をはかった老人に火箸をあてることに何の抵抗も示さないほど「慈悲の心を失」っているのです。父の銘を忘れてしまったことをとがめられた厨子王は安寿に如意輪観音さえ譲り渡してしまいます。

厨子王とは対照的に安寿は母のことを記憶し続けます。安寿の記憶は佐渡からやまびこのように響いてくる母の叫び声に支えられているのです。原作とは異なり、安寿の友人となる小萩は佐渡から売られてくる設定になっています。小萩が糸を紡ぎながら口ずさむ歌は、佐渡の遊女となった母の玉木が厨子王と安寿を偲んで作った歌だと判明します。「厨子王恋しやつらや安寿恋しやつらやの」という歌詞は安寿に母との強い結びつきを刻印します。これに続くシークエンスでは、玉木が遊女宿からの脱走に失敗し、足の腱を切られた後、仲間に支えられて、晴れていれば新潟の見える丘の上へとやってくる様子が描かれます。

ミディアム・ショットでとらえられた、杖をつき足を引きずりながら画面の左方向へゆっくりと

図3　溝口健二監督『山椒大夫』1954年（提供=角川映画）

移動する玉木の姿は見る者の心を打ちますが、大切なのは安寿と厨子王の名を叫ぶ佐渡からの母の声が、山椒大夫の屋敷にいるふたりを映した次のショットで、安寿が口ずさむ安寿と厨子王を恋しがる母の歌によってしっかりと継承されているようにみえる点です。この場面転換は母から娘への以心伝心をほのめかしているのです。

　母から娘へのコミュニケーションは厨子王の脱走につながる重要なシークエンスでもう一度反復されます。なみじという女性を山に捨てる手伝いをするシークエンスで安寿はこの女性に茅をかぶせたいと申し出て、草刈りに出かけますが、ここで厨子王が手を貸します。あの意気揚々とした音楽を伴って、ふたりが協力して木の枝を折り、尻餅をつき、草を刈る様子が描かれます。このシークエンスが先ほど分析したフレーミングによる「撮影法」と「音」の効果的な使用を技法的な特徴とする野宿のシークエンスの反復になっているのはいうまでもありません。

安寿はふたたびスクリーンの外から聞こえてくる母の叫び声を耳にするのです。母の声が厨子王に届いているのかはスクリーンからは判断がつきません。むしろ重要なのは安寿が聞こえるはずもない母の声をたしかに聞きとっていることを厨子王がしっかりと認識する点です。母と娘の超自然的な以心伝心が兄に忘却されていた父の記憶の回復を促すのです。脱出を決意し如意輪観音を携え、山椒大夫の屋敷を後にした厨子王がたどる道筋は基本的には原作と同様です。如意輪観音により平正氏の嫡子であることを証明し、「人は慈悲の心を失うては人ではないぞ。己を責めても人に情けをかけよ」という父の銘を実現し、最後には母と再会するのです。

溝口健二の『山椒大夫』が「形式」と「内容」の相互作用によって生み出される様子をみてきました。森鷗外の小説の「内容」とも重なり合う家族の離散と再会の物

図4　溝口健二監督『山椒大夫』1954年（提供=角川映画）

語の「内容」が「ミザンセン〔演出〕」、「撮影法」、「編集」、「音」といった映画というメディアに固有の「形式」によって組み立てられている様子を認識することは、この映画を読み解く上で不可欠なことです。

森鷗外の小説の「内容」との差異を手がかりにした映画の「形式」の分析が明らかにしたのは、溝口健二の『山椒大夫』が家族の離散と再会の物語であると同時に人間の記憶の回復をめぐる物語であるという点です。ここが溝口健二と森鷗外のふたつの作品を分ける決定的な違いなのです。溝口健二にとって大切なのは、宗教の信仰ではなく、記憶の回復なのです。そこでは父と母の記憶をどのように子供たちが忘却し回復していくのかが問われているのですが、そうした物語上の「内容」の展開は、父母子の逆三角形の構図〔「ミザンセン」〕、スクリーン外部の空間を生み出す「フレーミング」〔「撮影法」〕、過去を想起するフラッシュバックの技法〔「編集」〕、スクリーン外部から聞こえる声〔「音」〕といった一連の映画的「形式」によって支えられているのです。ここに映画の「形式」と「内容」が相互に影響を及ぼしながら、ひとつの映画作品を生み出している様子がみてとれます。

溝口健二の記憶の物語はアレゴリーのレベルでこの作品のイデオロギーを明らかにします。家族の離散と再会を支える記憶の回復という物語が戦後の荒廃した日本の復興を支える国民の記憶の再生というプロジェクトとどこかで響き合っていることを考察しておくことも無駄ではないでしょう。

おわりに

本章ではヴィデオ・アートとマンガにおける「形式」と「内容」の関係を図式的に整理した後、小説と映画における「形式」と「内容」の関係を探求してみました。小説の分析方法と映画の分析方法は自ずと異なった歴史を辿っていますが、それぞれのメディアに固有の形式的特徴をしっかりと理解していれば、小説も映画も同様に分析の俎上にあげることができます。ここでは『山椒大夫』という「内容」の重なり合うふたつの作品を取り上げて、小説と映画に固有の形式的特徴に光を当ててみました。ふたつのメディアの差異をわずかひとつの章で提示することには困難が伴いますが、読者のみなさんの今後の読み解きのためのヒントとなれば幸いです。

第4章　1時間でつくる即興映画

坂倉杏介

もう映像に感動できない？

ほんの10年ほど前まで、映像制作といえば、専門技能をもつ組織化された集団が、業務用の機材を駆使し専用のスタジオで行う作業でした。ところが現在では、家庭用ビデオカメラの普及のほかにも、多くの人が手にしているデジカメや携帯電話でさえ、動画撮影機能をもつことが少なくありません。2009年に発売されたアップルのiPhone 3Gsであれば、動画撮影のみならず、その場で編集さえできてしまいます。電話回線や無線LANを通じてインターネットに接続し、編集済みの動画ファイルをそのままYouTube[1]にアップロードすることだって可能です。そこが旅先であれレストランであれ構いません。携帯電話ひとつで、映像作品をつくり、公開までできてしまうのです。

こうした状況ですから、特に映像の専門家ではない学生が、サークルの新入生勧誘に、文化祭のイベント記録に、映像を用いることは、すでに珍しくはありません。YouTubeを見れば、おびただしい数のアマチュアの映像制作者たちが、作品を提供しています。入念につくり込まれた「オリジナル作品」から、日常の何気ない「面白映像」まで。録画した番組のクリップ集から、ありあわせの素材を自在に編集した全く新しい映像表現が生み出されることもあります。「コメント」をつける視聴者が、さらにその映像の意味を先鋭化するニコニコ動画[2]などは、インターネットの双方向性を活かした映像の楽しみ方といえるでしょう。またUstream[3]のように、編集という要素を度外視して、「ただ単にライブ放送ができる」というサービスさえあります。たとえば、一般の人が、自作PCを組み立てていく過程を、ライブでダラダラと何時間も放送する。もはや、映像をつくる人と見る人の区別はなく、両者が限りなく混じり合い、双方向に情報を送り合うような状況が、映像機器の普及とインターネットによってもたらされています。もちろん著作権など難しい問題もありますが、これまでマスメディアを担って来た企業にとっても、こうした変化は無視しえなくなって

［註］
1——http://www.youtube.com/
2——http://www.nicovideo.jp/
3——http://www.ustream.tv/

います。少なくとも私たちは、これまでのように、プロによってつくられた映像を一方的に享受する時代とは異なる、新しい映像時代に立ち会っているといえるでしょう。

望むならば誰もが、気軽に映像を撮影し、編集し、公開できてしまう時代。だからこそ、メディアの批判的な読み解きと創造的な使用を多くの人が実践すべきだといわれています。少なくとも、教科書にはそう書いてあります。しかし、ここまで映像が生活のありとあらゆる場面にあふれてくると、それらはあまりにもありふれた光景として、私たちの目に映ります。批判的になりたくても、興味をそそられる対象にさえならない。機材を揃えれば誰でも映像をつくることができると知ってはいても、あえて時間を割いて取り組む気にはならない。そういう人も、少なからずいるのではないでしょうか。映像が手軽な表現手段になればなるほど、日常のいたるところで見かけるようになればなるほど、私たちは「絵が動くこと」に新鮮な感動を覚えることができなくなっている。山手線や東横線の車内に設置された液晶モニタにどんなに刺激的な映像が流れていても、大部分の人は気にも留めていないようにみえます。程度の差こそあれ私たちはみんな「映像不感症」をわずらっているのかもしれません。

にもかかわらず、映像表現をしてみたいという欲求や興味があるとすれば、どうしたらよいのでしょうか。技術的には、ありとあらゆる方法で、映像をつくることが可能です。しかし、「なんでもあり」であることが、かえってどこからはじめればよいかを迷わせてしまうこともあります。

ここで紹介する「1時間でつくる即興映画」は、本格的な映像制作の技術を身につける講座ではありません。ごくシンプルな機材を使って、「絵が動く」ことの素朴な歓びを感じ直すワークショップです。もし、あなたが「映像をつくってみたい」と思うのであれば、手軽に試せるひとつの入り口として、参考になると思います。またそれだけではなく、この（おそらく世界で最も）素朴な映像表現から、素朴であるゆえに、さまざまな映像作品を読み解くヒントもみつかるでしょう。日頃から映像制作に親しんでいる人にとっても、新しい視点や表現がみつかるかもしれません。以下、「1時間でつくる即興映画」のコンセプト、制作方法、実際のワークショップの様子と作品を紹介しながら、映像制作の魅力を考えてみましょう。

映像づくりの楽しさに触れるワークショップ

「1時間でつくる即興映画」とは何でしょうか。その名の通り、「1時間で」「即興の」「映画」をつくるワークショップです。映画づくりといっても、ここではビデオカメラを使わず、デジタルカメラの連写機能を用いて撮影し、その連続写真をQuickTime Proというソフトウェアを使用して早回しのスライドショーに加工します[4]。つまり、パラパラマンガのような擬似的な動画です。ストーリーも、映画のようにあらかじめ脚本や配役を決めるようなことはせず、どのような映像をつくるかをグループのなかで相談しながら、即興的に編み出します。また監督や俳優という役割についても、その場で同じグループになったメンバーのなかから振り分けます。そして、制限時間は1時間。撮影・編集機材、ストーリーや演出、制作期間という要素のすべてがミニマムな映像表現です。

具体的な機材や手順を紹介するまえに、このようなミニマムな手法を採用した意図を、簡単に説明しておきましょう。ワークショップ・デザインの視点になりますが、短時間の講座のなかで映像制作の魅力をできるだけ知ってもらうためには、①手軽な機材を使用し、②完成までに時間がかからず、しかも③映像制作の楽しさに触れられることが必要です[5]。

まず第一に、手軽な機材について。映像編集は、一般的に非常に時間がかかります。このため、できるだけ手慣れた機材が望ましく、作業は単純であるに越したことはありません。デジタルカメラなら、多くの人が使ったことがあるでしょうし、編集作業の面でも、写真ファイルの扱いのほうが、動画ファイルの扱いよりも簡単で、データ量も少なくて済みます。ここで使用するQuickTime Proには、編集でよく使われるエフェクトやテロップなどの機能はなく、静止画像をスライドショーに加工したり、ごく簡単な編集ができるだけですが、その分、誰でも扱えます。また、表現面でも、滑らかな動画より、コマ落ちしたような粗い画像のほうが、新鮮で面白くなる場合があります。昔の8㎜フィルムを思い起こしてもらえればわかるとおり、カクカクと動く連続写真ならば、構図や演技に多少の難があっても、かえって独特の味わいになりえます。

第二に、短時間で完成させることについて。たとえ短くても、作品が完成することは非常に重要です（時間切れで未完成になってしまうと、制作の魅力は半減してしまいます）。ハリウッド映画が、何十億何

〔註〕

4――この制作方法は、慶應義塾大学SFC研究所上席所員（訪問）の渡邊恵太氏に教示いただいたデジタルカメラとQuickTime Proによる動画作成方法を応用したものです。

5――同様のコンセプトで実施されたワークショップとして、大阪大学コミュニケーションデザイン・センターの講座「メディア技法と表現リテラシー」で行われた「市販のビデオカメラを使って1分間ビデオ作品をつくってみる」という事例があります。これは、ビデオカメラを使用しますが、従来の映像制作の工程のうち、取り込み、編集という作業を使わず、カメラのオンオフだけで場面をつなぎ、1分間の作品をつくるという手法です。ワークショップ・デザインの意図は共有していると考えられます。詳細は、以下を参照してください。大阪大学コミュニケーションデザイン・センター『Communication-Design 1 異なる分野・文化・フィールド――人と人とのつながりをデザインする』（大阪大学出版会、2008年、20頁）

百億の制作費をかけて映画を撮っているように、準備や編集に労力をかけ始めるときりがありません。短い時間で作品を完成させるには、できるだけ使える道具や機能を限定したほうがよい。この点でも、単純作業しかできないソフトウェアはよい方向に作用します。ストーリーも、特にグループ作業の場合は、凝り始めるとなかなか決まりません。このため、1時間という時間制限を設け、最初からエンディングを決めるのではなく、まずは見切り発車で撮り始め、その場の思いつきでストーリーを展開します。そして、時間がきたら、無理矢理にでも「オチ」をつける。事前にエンディングを決めていないことで、逆に尻切れトンボになることはなく、ときに思いがけない発想の結末が生まれます。

できるだけ簡単な機材を用いて、短時間で即興的に映像をつくることで、完成する作品は当然、短くシンプルになります。しかしその分、映像づくりの原始的な楽しさが明らかになります。即興でつくるため、その場にあるありあわせの道具だて（たまたま持っていた小物、キャンパスというロケ地、グループ・メンバーの持つキャラクターなど）を活かさなければなりません。ここでは、企画に時間をかけるより、いかに機転を利かせて完成にこぎつけるかというライブ感が重要になります。結果的に、作品としての「すごさ」ではなく、映像制作の「歓び」が共有されやすい。つまり、制作上のテクニックを身につけるのではなく、複雑なことはできないかわりに、「動く絵をつかって何かを表現する」ことがいかに楽しいかを感じることができるようになります。

前節で「私たちは映像不感症なのではないか」と書きました。多くの映像制作の講座は、「可能的」なワークショップ、つまり映像をつくることができる技術を習得することにどうしても重きを置かざるをえません。これに対して、「1時間でつくる即興映画」は、より「可感的」な経験を重視したワークショップです。可感的とは、「できるようになる」ではなく「感じられるようになる」ことです。映像制作について、まずは新鮮な見方を獲得できること、これがこのワークショップの狙いです。

デジカメとQuickTime Proによる動画のつくり方

「1時間でつくる即興映画」で、どのような手法で映像をつくったか、その手順をまとめておきます。実際に行われたワークショップの様子と作品については、次節以降で紹介しますが、同じ方法で映像づくりを試してみたい人は、以下の制作手順を参考にしてください。

用意する機材（括弧内は、講座で使用した機種）

1 連写機能付きデジタルカメラ（RICOH GR II Digital）
2 パーソナルコンピュータ（Apple Macbook Intel Core 2 Duo 2GHz）
3 ソフトウェア……QuickTime Pro 7
4 付属品……データをPCへ移動するためのカードリーダ、USBケーブルなど
5 その他……マーカーや紙など文房具類

デジタルカメラは、連写機能がついていれば機種は問いません。編集作業を簡便にするため、一眼レフではなく、コンパクトデジカメを使用します。パソコンは、WindowsでもMacでも構いません。QuickTime Proに対応していればOKです（QuickTime Proは、3400円で購入できます[6]）。その他、デジタルカメラからデータを移動させるためのケーブルやカードリーダを用意してください。文具類は、タイトルやテロップを入れるために使う場合がありますので、適宜用意しておいたほうがよいでしょう。

映像制作の手順

撮影から動画制作までの作業手順は、以下のとおりです。

1 デジタルカメラの設定

撮影に入る前に、デジタルカメラの準備をします。まず写真サイズを、640×480ピクセルに設定します。動画に加工するので、1枚ごとのデータ量は少なくて構いません。続いて、カメラを連写モードに設定します。また、データをコンピュータに取り込む際に作業をしやすくするために、メモリーに残っている他の写真は消去しておいたほうがよいでしょう。

2 撮影

カメラの準備ができたら、撮影に入ります。カメラを動かして情景を描写したり、演技を撮影したりします。最初は、1ショットごとに、取り込みとムービー作成の作業を行い、どのような映像

［註］
6――QuickTime Proについては、http://www.apple.com/jp/quicktime/pro/を参照してください。

が撮れているかを確認しながら進めた方がよいでしょう。カメラの連写速度やムービーを作成する際のフレームレートによって、再生速度が変わってきます。慣れてくれば、どのくらいの速度でカメラを動かしたり演技したりするのが効果的か、コツがつかめてくるはずです。

3 PCへのデータ取り込み

カメラにケーブルを接続し、ファイルを取り込みます。QuickTime Proは、ひとつのフォルダに含まれている静止画像を一括してムービーにします。シーンごとに新しいフォルダをつくり、そこへコピーしてください。

4 ムービー作成

QuickTime Proを立ち上げ、「ファイル」から「イメージシーケンスを開く」を選択します。ムービーにする写真が入っているフォルダを選びます。このフォルダに含まれている写真が、ファイル名順に連続して再生されます。先頭の写真を選択して「開く」をクリックすると、「イメージシーケンスの設定」というウィンドウが開きますので、フレームレートを選びます。フレームレートとは、一枚一枚の写真をどれくらいのタイミングで表示するかという設定です。1秒間に6コマ（6フレーム／秒）が妥当な場合が多いですが、遅すぎたり早すぎたり感じる場合は、別のフレームレートを試してみてください。「ＯＫ」をクリックすると、ムービーが作成されます。再生すると、連写で撮影した写真がパラパラマンガのようにつながり、あたかも人物が動いているように見えるはずです。最後に、どういったシーンかわかりやすいような名前をつけて、ファイルを保存します。

5　編集

複数のシーンをつなぎ合わせたい場合は、QuickTime Proで、コピー＆ペーストします。再生ウィンドウ下部のスライダーにあるふたつの「L」字型のアイコンにはさまれた部分が選択範囲です。単純にふたつのシーンをつなぎたい場合は、後のシーンの全体を選択し、コピーします。次に、前のシーンの一番後ろに再生スライダーの「▷」をあわせ、ペーストします。これで、ふたつのシーンが連続したひとつのムービーファイルになります。

映像制作の手順は、以上です。あとは、できたムービーを元に、次のシーンを考え撮影し、次々にシーンをつないで行くだけです。デジカメとパソコンを使ったことがある人であれば、基本的な操作は、ものの10分から15分ほどで使いこなせるようになるはずです。機材とソフトウェアの機能上、音声は使用できません。タイトルやテロップなどが必要になった場合は、手で書いて撮影するなどの工夫が必要になります。

「1時間でつくる即興映画」――ワークショップの構成

2009年6月、前節で紹介したデジカメとQuickTime Proによる映像制作手法を用いたワークショップ「1時間でつくる即興映画」を実施しました。実際の講座の様子をもとに、その場で結成されたグループが、1時間で（もっとも、説明や振り返りを含めたワークショップ全体では2時間半程度かかりましたが）どのように映画をつくっていったかを紹介していきます。ワークショップの構成は表のとおりです。

「1時間でつくる即興映画」ワークショップ構成

1 インストラクション（30分）

●ワークショップの概要紹介

●デモンストレーション1：参考作品の上映
●デモンストレーション2：その場で撮影、編集し、作業の流れを説明
●グループ分け
●グループ内でのテストと役割分担

2 映像制作（60分）

●相談：エスタブリッシングショットの決定
状況を設定し、最初の2–3ショットの表現方法を決める
●即興撮影
前のシーンに次のシーンを即興的に付け加えていく
●エンディング
残り10分になったら、エンディングを考え、撮影する

3 編集（15分）

●撮影した素材を最終的に整え、試写会の準備をする

4 試写会と振り返り（30分）

●グループごとに試写会、感想を述べ合う

1 インストラクション

インストラクションでは、ワークショップの狙いや流れ、映像のつくり方を説明します。今回の講座では、どのような映像をつくるのかを想像してもらうために、筆者が実際に1時間でつくった映像を作例として紹介しました［図1］。自宅で、妻の協力を得てつくった作例です。状況説明、切り返し、同一化といった映像表現の基本を意図的に使用しています。エンディングは、実際に撮りながら決めた「即興」です。

続いて、実際の映像制作の流れを説明するため、その場で撮影から編集までの

図1 作例「1時間でできるかテスト」

1 2 3 4 5 6 7

図2 デモ「ふたりの男の対決」

1 2 3

工程をデモンストレーションします。ここでは、講師の佐藤元状先生と、ゲストとして来ていただいていた映画評論家の杉原賢彦先生に登場していただき、「ふたりの男が対面して見つめ合っている」という映像を作成してみました［図2］。かかった時間は、撮影に2分、取り込みとムービー作成で3分程度でしょうか。パソコンの画面を見せながら、取り込みや編集の具体的な操作を説明します。

何をどうやってつくるのかを理解してもらった後は、グループに分かれます。人数は、一般的に、5人から8人程度が適当でしょう。ここでは、6−7人ずつ2グループに分かれました。グループの分かれ方は、今回の講座は10代から70代まで幅広い受講者がいたため、年齢や性別などが均等に分かれるように配慮しました。まず、パソコンの扱いに慣れている人4人を募り、2人ずつに別れます。残った人は、自分と似ていると思う人とそれぞれペアになってもらい、ジャンケンをして勝った者同士、負けた者同士に分かれます。これで、それぞれのグループに、パソコンに習熟した人を含み、おおよそ均等に人材が分散することになります。

次に、グループ内での作業に移ります。実際に撮影に入る前に、一度、撮影、取り込み、編集作業を一通り試します。本番に入るまえの技術的なリハーサルです。講座では明示的に行いませんでしたが、必要に応じて、ここで役割分担をしてもよいでしょう。役割とは、監督、カメラマン、役者、演出などで、メンバーそれぞれの個性や特技を活かせるよう役割を決めておくことで、効率的に作業ができるようになります。

2 映像制作

いよいよ制作に突入します。1時間で完成させるために、以下のようなルールを設けます。

まず、基本的なルールは、あらかじめストーリーを決めず、前のシーンに続けて、次のシーンを即興的につくるということです。最初のシーンだけは、ある程度の情景を説明する必要がありますから、グループで相談して「エスタブリッシングショット」を決めておきます。デモンストレーションで制作した「ふたりの男が見つめ合う」映像は、3つのカ

図3 撮影中の風景

図4　編集作業とタイトルづくり

ットからなっています。ふたりの男が対面している情景に続いて、ふたりの顔のアップが順に映し出されます。この3つのカットによって、男たちがどういう関係か、そこがどういう場所かはわかりませんが、まずは「ふたりの男が対面している」という状況だけは表現されています。これがエスタブリッシングショットです。即興映画は、このシーンに続けて、自在にストーリーを進めていきます。男たちが喧嘩をはじめてもよいし、三人目の登場人物が入ってきても構いません。そのシーンを見て、次にどういうシーンを持って来るかを相談し、撮影し、その後、さらに次のシーンを展開させていきます。当然、どのようにストーリーが展開するかは、はじめてみないとわかりません。エンディングは、残り10分になったところで、それまでに進んで来たストーリーに応じて決めます。

3　編集

エンディングシーンを撮り終えたところで、撮影は終了。最終的にすべてのシーンをつなげて完成させます。タイトルなどは、必要に応じて追加で撮影します。ビデオカメラで撮影し、映像編集ソフトを使用する場合は、タイトル（字幕）やエフェクト（映像のつなぎ方）など非常に凝った映像効果を使うことができますが、QuickTimeでの編集の場合は、機能が限定されます。タイトルなどをコンピュータ上でつくることはできないので、紙にマーカーで書いて撮影するなど、手づくり感のある手法になります。こうした部分を、本編の撮影の応用として即興的につくることができるのも、魅力のひとつといえます。

図5 試写会の様子

4 試写会と振り返り

それぞれ試写会をして、感想を述べ合います。どういう意図で撮影したのか、苦労したシーンはどこか、楽しかった点はどこか、制作してみて気づいたことなど、互いの経験を振り返ります。映像は、つくる楽しみもありますが、完成した作品を人に鑑賞してもらう楽しみもあります。完成させて終わりではなく、人に見せたり、他のグループの作品を鑑賞することで、新たな発見がもたらされるかもしれません。

「即興映画」の作品としての面白さ

この講座で制作されたふたつの作品は、ウェブサイトでご覧いただくことができます[7]。小品とはいえ、それまで一度も映像をつくったことのない人がわずか1時間でつくったことを考えれば、どちらも個性あふれる傑作といって差し支えないのではないかと思います。ここでは、この小さな映画が、初期の実験的な映像表現と通ずる「絵が動くこと」の原初の新鮮な魅力を持っていることを意識して、それぞれの作品をみていきましょう。

『メガネをとどけに』。キャンパス内を、縦横無尽に「走る」映像です。並木道を、校舎の階段を、メガネをかけた人が駆け抜け、リレーのように次の人に託し、最後は最年長の三谷敏子さんに届けます。風景の撮り方が美しかったり、三谷さんの表情が微笑ましかったりと魅力に富んでいますが、なによりその疾走感が気持ちよい作品です。この作品は、まず「走ること」をテーマにすることだ

［註］
7——「慶應義塾大学日吉キャンパス公開講座２００９メディアリテラシー入門」（http://kyosuke.inter-c.org/ml/）

図6 『メガネをとどけに』

けを決めて撮り始めたそうです。

「走るだけ」ということは、非常に単純なことに見えますが、とりわけ初期の実験的な映像表現には重要なモチーフです。被写体が静止したままの写真から、動きを表現することのできる映画が生まれたとき、その新しい技術を使って、人は何を撮りたいと思ったでしょうか。そのひとつは、事物の「動き」だったでしょう。セシル・ヘップワース（Cecil Hepworth, 1874-1953）の映画、『ローヴァーに救出されて』（*Rescued by Rover*, 1905）［8］は、ジプシーにさらわれた赤ちゃんを、飼い犬のローヴァーが探しだし無事に連れ戻す物語です。この6分半の短い映画の大部分を占めるのが、けなげに赤ちゃんを探し、町を抜け川を渡りながら走り続けるローヴァーの映像です。人や犬が走るというそれだけのことが新鮮な視覚表現と感じられたのは、動画の技術があってはじめて「動き」を表現することができたからです。次々と背景を変えながら、走り続けることによって、ショットが連続性をもち、動きそのものの推移の表現や、場面の移動という表現が可能になりました。これは、後にアクション映画やロードムービーのひな形ともなるわけですが、その映画の原点に、わずか1時間でつくった即興映画が肉薄しているということもできます。

『ゆめのマスク』。たまたまメンバーが持っていた（!）仮面舞踏会に着けていくようなマスクをモチーフにした幻想的な映像です。マスクを着けた怪しげな女性を娘に紹介する田中寿夫さん演じる「父」。マスクをひろった娘がそれを着けると、なぜか次々と人物が入れ替わっていきます。この作品の希有な点は、カメラワークからストーリーが生まれているというところです。マスクを着けた人の周囲を巡りながら上方から撮影し、あたかもくるくると回転するかのように見せたり（しかも、このアングルはフィルムカメラではなかなか難しい、コンパクトなデジカメだからこその視点です）、眼球のアップをはさんでいつのまにか人物が入れ替わったりという視覚的なトリックを使用しています。この映画

［註］

8——http://www.youtube.com/watch?v=LterD8seoA0

が、即興でつくられたということを考えてみると、意味によってストーリーが進行しているのではなく、こうした独特な視覚表現が反復されることによって、物語が展開しているということがわかると思います。最後は、夢だったというオチですが、映像全体に幻想的な雰囲気が漂っているからこそ、決まるエンディングだといってよいでしょう。

いずれの作品にも、写真を連続して表示することで動きが表現されているという面白さがあります。フィルムであれデジタルであれ、動画とは本来静止画の連続であるという原点を思い起こさせてくれると同時に、素朴なコマ落としのような動きが、滑

図7『ゆめのマスク』

1 2 3 4 5 6 7 8

らかに動くハイクオリティな映像にはない魅力を生んでいます。数年前のiPodのＣＦに、激しく踊るダンサーのシルエットだけで表現された映像がありましたが、シルエットの動きはフレームレートを落としていました。よく見れば、通常の映像に比べてカクカクとぎこちないのですが、この表現が格好よく見えるためには、滑らかな動きでは駄目だったはずです。必ずしも洗練された高度な表現だけに魅力を感じるわけではないという、人間の感性の面白さ、複雑さが表れているように思われます。

最後に、両作品に共通する特徴として、小物がストーリーをつないでいるという点も見逃せません。メガネとマスクです。同じ小物が次のシーンに引き継がれることで、ストーリーの連続性が得られているということです。音声を用いない映像表現の場合、視覚的にシーンの間をつなぐ要素が重要な割合を占めますが、どちらの作品もこうした小物を無意識的に活かしているということが面白いと思います。逆に、こうした素朴な映像表現を体験すると、たとえばエイゼンシュテイン（Sergei Mikhailovich Eisenstein, 1898-1948）のモンタージュ理論（ショット間の連続ではなく、対比によって新たな意味を生じさせる）が、いかに常識から逸脱した斬新な表現だったかも想像できるようになるのではないでしょうか。映画を学ぶ者なら誰もが知っている映画理論の基礎にも、即興映画は、不意の気づきを与えてくれる可能性があるといえます。

映像に可感的であるために

まだ現代のように誰もが気軽に映像をつくることはできなかった時代、新しく生まれた映画という技術を用いて、どうしても視覚的な表現をしたいと願う人たちがいました。彼らは、「絵を動かすことができる」という事実に、強烈に心を動かされた人々だったでしょう。映画監督や現代の映像作家の先駆けともいえる人たちです。彼らは、まだまだ制約の多い条件のなか、なんとかそれを駆使し、工夫し、新しい映像表現を切り開いていきました。

ここで紹介した「1時間でつくる即興映画」は、できるだけシンプルな手法で即興的に映像表現を体験するワークショップです。この手法の一番の面白さは、それが素朴であるがゆえにかえって、映画や映像表現のもっとも根源的な魅力に迫れるということでしょう。

黎明期の映画監督たちが感じていたであろう新鮮な驚きやチャレンジ精神に、体験的に触れ、想像することができるようになること。誰もが映像を手にすることができるようになった現在、映像を制作するための知識や技術にも増して、あらためて「絵が動く」ことにわくわくできるような感性が必要になっているといえるでしょう。そうした感性を開くためのひとつのアプローチに、「1

時間でつくる即興映画」が役立つことを願ってやみません。ここで紹介した事例を参考に、みなさんもぜひ、映像表現にチャレンジしてみてください。

あと書き

佐藤元状

編者としてすべての章を読み返して痛感するのは、それぞれのメディアに固有の面白さです。ヴィデオ・アートにはヴィデオ・アート固有の面白さがあり、マンガにはマンガ固有の面白さがあり、文学と映画にはそれぞれ固有の面白さがあります。この本が読者のみなさまにとって、さまざまなメディアを読み解き、その面白さを体感する一助となってくれるのを望むばかりです。そして、もしみなさんのなかからメディアの読み解きに飽き足らず、メディアをつくり出したいという方が出てきましたら、これに勝る喜びはありません。メディアの読み書きが自由にできる時代に生きている私たちのよりよい生活のために本書は捧げられます。

最後に本書執筆のきっかけとなった慶應義塾大学日吉キャンパス公開講座「メディア・リテラシー入門」を文字どおり支えていただいた慶應義塾大学出版会の木下優佳さん、編集の過程でたくさんの助言をしていただいた慶應義塾大学出版会の乙子智さん、この講座を多いに盛り上げていただき、本書にも画像として出演していただいた参加者全員（みなさん、出演のご協力ありがとうございました！）、そして表紙から本文まで美しいデザインで本書を魅力的な作品につくり替えていただいたブック・デザイナーの原田潤さんに心から感謝したいと思います。

文献案内

序

メディア・リテラシーについての入門としては、森達也『世界を信じるためのメソッド——ぼくらの時代のメディア・リテラシー』（理論社、２００６年）が一番です。ジャーナリズムの現場で起きるメディア操作の問題が丁寧に説明してあります。学問的なアプローチとしては、鈴木みどりが編集した2冊の著作『メディア・リテラシーを学ぶ人のために』（世界思想社、１９９７年）、『メディア・リテラシーの現在と未来』（世界思想社、２００１年）を挙げておきます。メディア・リテラシーの日本での第一人者による編著です。

本章でも触れましたが、メディア・リテラシーという言葉には、メディアを能動的に読み解く能力という意味が込められています。しかし、現在ますます重要になってきているのは、メディアを能動的につくり出し、発信していく能力であり、それによって充実した人生を生きることです。この後者の観点は、メディア・リテラシーを学問的に論じる視点からはどちらかというと軽視されているように感じられます。現代のメディア環境に適合した創造的なメディア・リテラシーの議論が着実に根づいていくことを切に願います。

〔**参考文献**〕

●今橋映子『フォト・リテラシー――報道写真と読む倫理』（中央公論新社、2008年）
●芸術メディア研究会『メディア・リテラシー――知とコミュニケーションの創発に向けて』（静岡学術出版、2008年）
●鈴木みどり編『メディア・リテラシーを学ぶ人のために』（世界思想社、1997年）
――『メディア・リテラシーの現在と未来』（世界思想社、2001年）
●東京大学情報学環メルプロジェクト・日本民間放送連盟編『メディアリテラシーの道具箱――テレビを見る・つくる・読む』（東京大学出版会、2005年）
●D・バッキンガム『メディア・リテラシー教育――学びと現代文化』（鈴木みどり監訳、世界思想社、2006年）
●森達也『世界を信じるためのメソッド――ぼくらの時代のメディア・リテラシー』（理論社、2006年）

第1章

日本語のテキストには、ヴィデオ・アートのみを通史的に扱っているものはほとんどなく、「メディアアート」の一部として扱われているケースが大多数を占めています。その中でも、白井雅人ほか編『メディアアートの教科書』（フィルムアート社、２００８年）は、ヴィデオ・アートを含む「メディアアート」の歴史を多くの作品例と共に紹介しており、ヴィデオ・アートという表現形態の全体像をつかむには非常に参考になります。また、伊奈新祐編『メディアアートの世界――実験映像１９６０–２００７』（国書刊行会、２００８年）は、日本におけるヴィデオ・アートの歴史を知ることができる興味深いテキストです。

しかし、ヴィデオ・アートについてより詳細に学ぶためには、やはり洋書や展覧会カタログを頼ることになります。洋書からはMichael Rush, *Video Art*. Rev. ed.（London: Thames & Hudson, 2007）と、Sylvia Martin, *Video Art*（Hong Kong: Taschen, 2006）をおすすめします。前者は、作品の選択に多少の偏りが見られますが、60年代から現在にいたるまでの歴史が、テーマごとに振り分けられ詳細に記されています。後者は、Taschenが出版しているBasic Artシリーズの1巻で、ヴィデオ・アートの傑作のきわめて丁寧な解釈が、作家の写真・経歴を交えて展開されており、当ジャンルの多様性を手軽に楽しめる非常にうれしい1冊となっています。展覧会カタログからは、個々の作家・作品の紹介だけでなく、評論も充実した2冊、三輪健仁・蔵屋美香編『ヴィデオを待ちながら――映像、60年代から今日へ』（東京国立近代美術館、２００９年）と、横浜国際映像祭実行委員会編『Deep Images――映像は生きるために必要か』（フィルムアート社、２００９年）を特におすすめします。前者には、ロザリンド・クラウスによるヴィデオ・アート批評の古典的エッセー「ヴィデオ：ナルシシズムの美学」が、後者には、北野圭介によるこれからの映像表現の可能性を知る重要な鍵となる「トランス・メディア・エステティック」がおさめられています。これらはヴィデオ・アートという表現と、批評空間とのつながりを知ることのできる重要な文献です。

また、インターネットにおける映像資料の充実ぶりは目を見張るものがあり、特にUbuWeb（http://www.ubu.com/film/index.html）は革命的です。このサイトでは、今まで美術館や画廊以外の空間で目にすることができなかったヴィデオ・

アートの古典的な名作を、ウェブ上で鑑賞できます。今後このサービスがキュレーター、研究者、及び若手映像作家に与える影響は大きいといえるでしょう。

［**参考文献**］

- *25Hrs (exhibition catalogue)*. Barcelona: The videoartfoundation, 2003.
- Aitken, Doug. *Broken Screen: Expanding The Image, Breaking The Narrative*. New York: Distributed Art Publishers, 2005.
- Martin, Sylvia. *Video Art (Basic Art)*. Hong Kong: Taschen, 2006.
- McCarthy, Paul. *LaLa land: Parody Paradise*. Ed. Stephanie Rosenthal.Ostfildern-Ruit: Hatje Cantz, 2005.
- Meigh-Andrews, Chris. *A History of Video Art: The Development of Form and Function*. Oxford: Berg, 2006.
- Phelan, Peggy, Hans Ulrich Obrist, and Elizabeth Bronfen. *Pipilotti Rist*. London: Phaidon Press, 2001.
- Rist, Pipilotti. *Pipilotti Rist*. London: Phaidon Press, 2001.
  ——*Congratulations!*. Stockholm: Magasin 3 Stockholm Konsthall, 2007.
- Rugoff, Ralph, Kristine Stiles, and Giacinto Di Pietrantonio. *Paul McCarthy*. London: Phaidon Press, 1996.
- Rush, Michael. *Video Art*. Rev. ed. London: Thames & Hudson, 2007.
- Shanken, Edward A. *Art & Electronic Media (Themes & Movements)*. London: Phaidon Press, 2009.
- 伊奈新祐編『メディアアートの世界——実験映像１９６０−２００７』（国書刊行会、２００８年）
- 近藤健一・町野加代子編『ＭＡＭプロジェクト００９：小泉明郎』（森美術館、２００９年）
- 白井雅人・森公一・砥綿正之・泊博雅編『メディアアートの教科書』（フィルムアート社、２００８年）

●三輪健仁・蔵屋美香編『ヴィデオを待ちながら——映像、60年代から今日へ』（東京国立近代美術館、２００９年）
●横浜国際映像祭実行委員会編『Deep Images——映像は生きるために必要か』（フィルムアート社、２００９年）
●UbuWeb（http://www.ubu.com/film/index.html）
●テイト・ギャラリー（https://www.tate.org.uk/collection/）

第2章

本書で論じたテーマである、マンガの「内容」と「形式」については、秋田孝宏『「コマ」から「フィルム」へ——マンガとマンガ映画』（ＮＴＴ出版、２００５年）が参考になります。映画やアニメーションとの関連なども豊富に取り上げられていますので、視覚表現としてのマンガという視点からさらに深く考えたい人にはおすすめです。マンガは、近年では研究の対象としても多く扱われるようになってきているとはいえ、まだ教科書的な書籍は多くはありません。体系的にマンガを理解するには、夏目房之介・竹内オサム編『マンガ学入門』（ミネルヴァ書房、２００９年）が最適です。マンガの歴史やジャンル、代表的な作家や研究領域などが、包括的にまとめられています。また、少し古い文献ですが、竹内オサム・村上知彦編『マンガ批評体系（全5巻）』（平凡社、１９８９年）は、多数の作品を取り上げた批評集で、個々のマンガを読み解いていく際の手引きになるはずです。

〔**参考文献**〕

●秋田孝宏『「コマ」から「フィルム」へ——マンガとマンガ映画』（ＮＴＴ出版、２００５年）

- 石ノ森章太郎『石ノ森章太郎のマンガ家入門』（秋田書店、1988年）
- 大友克洋『AKIRA（part 1-6）』（講談社、1984年－1993年）
- 竹内オサム『本流！　マンガ学――マンガ研究ハンドブック』（晃洋書房、2009年）
- 竹内オサム・村上知彦編『マンガ批評体系（全5巻）』（平凡社、1989年）
- 手塚治虫『ぼくはマンガ家』（毎日新聞社、1969年）
- 夏目房之介・竹内オサム編『マンガ学入門』（ミネルヴァ書房、2009年）
- 南信長『現代マンガの冒険者たち――大友克洋からオノ・ナツメまで』（NTT出版、2008年）

第3章

基本的な参考文献をいくつか紹介します。小説の形式的分析の古典としては、ジェラール・ジュネットの『物語のディスクール――方法論の試み』（花輪光・和泉涼一訳、書肆風の薔薇、1985年）と『物語の詩学――続・物語のディスクール』（和泉涼一・上郡悦子訳、書肆風の薔薇、1985年）を挙げたいと思います。「物語論（ナラトロジー）」と呼ばれる文学理論の古典的作品です。物語論の影響下に練り上げられた興味深い文学理論／映画理論としては、シーモア・チャトマンの『小説と映画の修辞学』（田中秀人訳、水声社、1998年）がおすすめです。映画の形式的分析の古典としては、デイヴィッド・ボードウェルとクリスティン・トンプソンの『フィルム・アート――映画芸術入門』（藤木秀朗監訳、名古屋大学出版会、2007年）を挙げたいと思います。

なお、本章ではなるべく読者にわかりやすいかたちで、「形式」と「内容」の関係を提示するために、上記の著作を参照しつつも、やや簡略化したかたちで理論構成を行っています。読者のみなさんがこれらの著作をベースにさらなる読み解きの旅に出られることを心より望みます。

〔**参考文献**〕

- 荒木繁・山本吉左右編注『説経節　山椒大夫・小栗判官他』（平凡社、1973年）
- 岩崎武夫『さんせう太夫考――中世の説教語り』（平凡社、1973年）
- 稲垣達郎『森鷗外の歴史小説』（岩波書店、1989年）
- 尾形仂『鷗外の歴史小説――史料と方法』（岩波現代文庫、2002年）
- 佐藤忠男『溝口健二の世界』（平凡社ライブラリー、2006年）
- 清水克彦『山椒大夫読例』（世界思想社、1991年）
- ジュネット、ジェラール『物語のディスクール――方法論の試み』（花輪光・和泉凉一訳、書肆風の薔薇、1985年）
  ――『物語の詩学――続・物語のディスクール』（和泉凉一・上郡悦子訳、書肆風の薔薇、1985年）
- チャトマン、シーモア『小説と映画の修辞学』（田中秀人訳、水声社、1998年）
- 蓮實重彦・山根貞男編『国際シンポジウム　溝口健二　没後50年「MIZOGUCHI 2006」の記録』（朝日選書、2007年）
- ボードウェル、デイヴィッド、クリスティン・トンプソン『フィルム・アート――映画芸術入門』（藤木秀朗監訳、名古屋大学出版会、2007年）
- 森鷗外「山椒大夫」『森鷗外　1862−1922　ちくま日本文学』（筑摩書房、2008年）
  ――編「歴史其儘と歴史離れ」、『歴史其儘と歴史離れ　森鷗外全集14』（筑摩書房、1996年）

●山崎一穎『森鷗外・歴史小説研究』（桜楓社、1981年）
●山崎國紀『評伝　森鷗外』（大修館書店、2007年）
――編『森鷗外を学ぶ人のために』（世界思想社、1994年）
●四方田犬彦編『映画監督　溝口健二』（新曜社、1999年）
●Andrew, Dudley, and Carole Cavanaugh. *Sansho Dayu*. London: BFI, 2000.

第4章

映像制作をはじめる場合、カメラの操作や編集方法といった機材（ハード）を使いこなす技術と、シナリオをつくり、それを構図やショットのつながりで表現する構想力（ソフト）の両方が必要になります。両者を学べる入門書としては、久保田賢一編『映像メディアのつくり方――情報発信者のための制作ワークブック』（北大路書房、2008年）や、西村安弘編『デジカメとパソコンでできる映画制作ワークショップ』（フィルムアート社、2006年）があります。映像理論をさらに深め、制作の幅を広げたいという人には、北野圭介『映像論序説――〈デジタル／アナログ〉を越えて』（人文書院、2009年）、ルイス・ジアネッティ『映画技法のリテラシーⅠ映像の法則』（堤和子・堤龍一郎・増田珠子訳、フィルムアート社、2003年）などが、批評理論と制作の橋渡しになるでしょう。また、映像に限らず多様なメディアを使った表現に関心がある人は、水越伸・東京大学情報学環メルプロジェクト編『メディアリテラシー・ワークショップ――情報社会を学ぶ・遊ぶ・表現する』（東京大学出版会、2009年）を参照してみてください。身の回りのデジタル機器を使った新しい表現へのヒントがみつかるはずです。最後に、映像制作は、「つくってみなければわからない」ことがたくさんあります。つくることで、映像の見方が変わり、新しい発見が得られる。見方が変われば、つくり方も変化する。そのサイクルのなかで、映像の理解が深まり、制作にも習熟していきます。みなさんには、その過程をぜひとも楽しんで欲しいと思いますし、本書がそのきっかけのひとつになれば幸いです。

［参考文献］

●大阪大学コミュニケーションデザイン・センター『Communication-Design 1 異なる分野・文化・フィールド——人と人とのつながりをデザインする』（大阪大学出版会、２００８年）

●北野圭介『映像論序説——〈デジタル／アナログ〉を越えて』（人文書院、２００９年）

●久保田賢一編『映像メディアのつくり方——情報発信者のための制作ワークブック』（北大路書房、２００８年）

●佐藤元状「イギリスのドキュメンタリー映画」『三色旗』（No.736、２００９年）

●ジアネッティ、ルイス『映画技法のリテラシー Ⅰ映像の法則』（堤和子・堤龍一郎・増田珠子訳、フィルムアート社、２００３年）

●西村安弘『デジカメとパソコンでできる映画制作ワークショップ』（フィルムアート社、２００６年）

●水越伸・東京大学情報学環メルプロジェクト編『メディアリテラシー・ワークショップ——情報社会を学ぶ・遊ぶ・表現する』（東京大学出版会、２００９年）

［執筆者紹介］

—

—

佐藤元状｜さとう・もとのり

慶應義塾大学法学部准教授。1975年生まれ。東京大学大学院総合文化研究科博士課程満期退学。専門は英文学（モダニズム文学および現代の英語圏文学）とイギリス映画研究（ブリティッシュ・ニュー・ウェーヴを中心に）。主要業績に、「ポピュラー・カルチャーとイングリッシュネスの政治学——グレアム・グリーンの『ブライトン・ロック』と後期モダニズムの困難」、遠藤不比人他編『転回するモダン——イギリス戦間期の文化と文学』（研究社、2008年）などがある。

—

坂倉杏介｜さかくら・きょうすけ

慶應義塾大学教養研究センター特別研究講師、理工学部非常勤講師、三田の家LLP代表。2003年、慶應義塾大学大学院政策・メディア研究科修士課程修了。芸術とコミュニティの生成における「場」の働きを感性論的アプローチから研究している。また、「横浜トリエンナーレ2005」など美術展への出展、キャンパス周辺地域のコミュニティ形成や新しい「学びの場」を創出する「芝の家」、「三田の家」の運営など具体的なプロジェクトを展開している。

—

小泉明郎｜こいずみ・めいろう

美術家。1976年生まれ。ロンドンのチェルシー・カレッジにて映像を学ぶ。2001年にベックス・フューチャー学生部門大賞受賞。2003年に茨城県より招聘されアーカス・スタジオに半年間滞在。2005年より2年間、オランダ・アムステルダムのライクスアカデミーにて制作活動。主な展覧会に「南京トリエンナーレ」（南京博物院、2008年）、「MAM Project 009：小泉明郎」（森美術館、2009年）がある。

—

小泉有加｜こいずみ・ゆか

慶應義塾大学、明治学院大学非常勤講師。1977年生まれ。国際基督教大学大学院比較文化研究科博士候補資格取得後退学。専門は現代の英語圏文学。主要業績に、「沈黙が語るもの——『フォー』とその批評史をめぐって」田尻芳樹編『J・M・クッツェーの世界』（英宝社、2006年）などがある。

刊行にあたって

いま、「教養」やリベラル・アーツと呼ばれるものをどのように捉えるべきか、教養教育をいかなる理念のもとでどのような内容と手法をもって行うのがよいのかとの議論が各所で行われています。これは国民全体で考えるべき課題ではありますが、とりわけ教育機関の責任は重大でこの問いに絶えず答えてゆくことが急務となっています。慶應義塾では、義塾における教養教育の休むことのない構築と、その基盤にある「教養」というものについての抜本的検討を研究課題として、2002年7月に「慶應義塾大学教養研究センター」を発足させました。その主たる目的は、多分野・多領域にまたがる内外との交流を軸に、教養と教養教育のあり方に関する研究活動を推進して、未来を切り拓くための知の継承と発展に貢献しようとすることにあります。

教養教育の目指すところが、単なる細切れの知識で身を鎧うことではないのは明らかです。人類の知的営為の歴史を振り返れば、その目的は、人が他者や世界と向き合ったときに生じる問題の多様な局面を、人類の過去に照らしつつ「今、ここで」という現下の状況のただなかで受け止め、それを複眼的な視野のもとで理解し深く思惟をめぐらせる能力を身につけ、各人各様の方法で自己表現を果たせる知力を養うことにあると考えられます。当センターではこのような認識を最小限の前提として、時代の変化に対応できる教養教育についての総合的かつ抜本的な踏査・研究活動を組織して、その研究成果を広く社会に発信し積極的な提言を行うことを責務として活動しています。

もとより、教養教育を担う教員は、教育者であると同時に研究者であり、その学術研究の成果が絶えず教育の場にフィードバックされねばならないという意味で、両者は不即不離の関係にあります。今回の「教養研究センター選書」の刊行は、当センター所属の教員・研究者が、最新の研究成果の一端を、いわゆる学術論文とはことなる啓蒙的な切り口をもって、学生諸君をはじめとする読者にいち早く発信し、その新鮮な知の生成に立ち会う機会を提供することで、研究・教育相互の活性化を図ろうとする試みです。これによって、研究者と読者とが、より双方向的な関係を築きあげることが可能になるものと期待しています。なお、〈Mundus Scientiae〉はラテン語で、「知の世界」または「学の世界」の意味で用いました。

読者諸氏の忌憚のないご批判・ご叱正をお願いする次第です。

慶應義塾大学教養研究センター所長

慶應義塾大学教養研究センター選書

メディア・リテラシー入門――視覚表現のためのレッスン

2010年3月31日　初版第1刷発行

発行・編集――慶應義塾大学教養研究センター
代表者　横山千晶
〒223-8521　横浜市港北区日吉4-1-1
TEL：045-563-1111
Email：lib-arts@adst.keio.ac.jp
http://lib-arts.hc.keio.ac.jp/
制作・販売――慶應義塾大学出版株式会社
〒108-8346　東京都港区三田2-19-30
装丁――――原田潤
印刷・製本――株式会社　太平印刷社

Printed in Japan　ISBN978-4-7664-1736-4

慶應義塾大学教養研究センター選書

1 モノが語る日本の近現代生活
—近現代考古学のすすめ

桜井準也著　文献記録の乏しい地域や記録を残さなかった階層の人々の生活を、発掘資料から復元したり、ライフサイクルの変化を明らかにする近現代考古学の楽しさを伝える、新しい考古学のすすめ。　●700 円

2 ことばの生態系
—コミュニケーションは何でできているか

井上逸兵著　「すげー」「マジ」といった若者ことばや語尾上げことば、業界用語、「コンビニ敬語」など、コミュニケーション・ツールとしてのことばの変遷を身近な例にたとえながらわかりやすく解説する。　●700 円

3 『ドラキュラ』からブンガク
—血、のみならず、口のすべて

武藤浩史著　『ドラキュラ』の中の謎や矛盾に焦点を当て、大学生や一般読者に物語テキスト読解のコツを伝授。多彩な要素が絡み合うなかを、領域横断的に読解する面白さとスキルを教える。　●700 円

4 アンクル・トムとメロドラマ
—19 世紀アメリカにおける演劇・人種・社会

常山菜穂子著　19 世紀のアメリカで大ヒットを記録した『アンクル・トムの小屋』を例に、演劇と社会の結びつきを明らかにするとともに、その作品の内に意識的／無意識的に織り込まれたアメリカの姿を描く。　●700 円

表示価格は刊行時の本体価格（税別）です。

慶應義塾大学教養研究センター選書

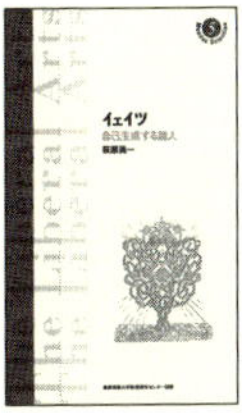

5 イェイツ—自己生成する詩人

萩原眞一著　ノーベル文学賞受賞詩人イェイツ。「老境に差しかかって創作意欲が減退するのは、ひとえに性的能力が衰退したからに他ならない」と考えた彼は、アンチエイジング医学の先駆をなす、ある若返り手術を受けた。創造的営為とセクシュアリティの関係に注目しながら、後期イェイツ作品を検証する。　●700 円

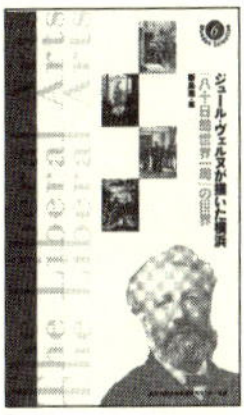

6 ジュール・ヴェルヌが描いた横浜
—「八十日間世界一周」の世界

新島進編　19 世紀の横浜は欧米人にどう映ったか？ 昨年（2009）、開港 150 周年を迎えた横浜の開港当時の姿を、ジュール・ヴェルヌの傑作『80 日間世界一周』から読み解く。　●700 円

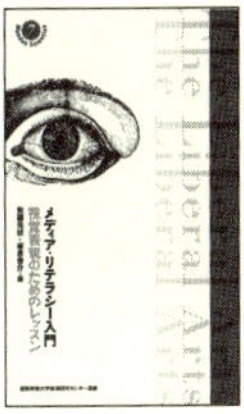

7 メディア・リテラシー入門
—視覚表現のためのレッスン

佐藤元状・坂倉杏介編　ヴィデオ・アート、マンガ、映画などのさまざまなメディアの新しい視点による読み方を紹介し、面白さを体感させるメディア・リテラシー入門。　●700 円

表示価格は刊行時の本体価格（税別）です。